ESPUMANTE

O PRAZER É TODO SEU

A Marco Zero tem como objetivo publicar obras com qualidade editorial e gráfica, consistência de informações, confiabilidade de tradução, clareza de texto, e impressão, acabamento e papel adequados.
Para que você, nosso leitor, possa expressar suas sugestões, dúvidas, críticas e eventuais reclamações, a Marco Zero mantém aberto um canal de comunicação.

Entre em contato com:
CENTRAL DE ATENDIMENTO AO CONSUMIDOR
R. Pedroso Alvarenga, 1046 – 9º andar – 04531-004 – São Paulo – SP
Fone: (11) 3706-1466 – Fax: (11) 3706-1462
www.editoramarcozero.com.br
E-mail: marcozero@editoramarcozero.com.br

SÉRGIO INGLEZ DE SOUSA

100 FICHAS DE DEGUSTAÇÃO PARA VOCÊ PREENCHER

ESPUMANTE

O PRAZER É TODO SEU

um guia para iniciantes
e iniciados

MARCO ZERO

Direitos desta edição reservados à
AMPUB Comercial Ltda.
(Marco Zero é um selo editorial da AMPUB Comercial Ltda.)
Rua Pedroso Alvarenga, 1046 – 9º andar – 04531-004 – São Paulo – SP
Fone: (11) 3706-1466 – Fax: (11) 3706-1462
www.editoramarcozero.com.br
E-mail: marcozero@editoramarcozero.com.br

Coordenação editorial: Maria Elisa Bifano
Revisão: Clemente Raphael Mahl e Maria Aparecida Amaral
Capa: Vivian Valli
Foto de capa: Getty Images / PhotoAlto / Luk Thys
Composição: FA Fábrica de Comunicação
Impressão: PROL Editora Gráfica Ltda.

Publicado em 2006

Dados Internacionais de Catalogação na Publicação (CIP)
(Câmara Brasileira do Livro, SP, Brasil)

Sousa, Sérgio Inglez de
Espumante : o prazer é todo seu / Sérgio Inglez de Sousa — São Paulo : Marco Zero, 2005.

ISBN 85-279-0384-9
1. Vinhos espumantes I. Título.

05-5209 CDD-641.2224

Índice para catálogo sistemático:

1. Vinhos espumantes degustação : Alimentos e bebidas 641.2224

Impresso no Brasil/*Printed in Brazil*

Sumário

A meus filhos

Cássio
Valéria
Leonardo
Christiane
Ricardo
Paula
Henrique

Por todos os espumantes que
tomei na alegria de tê-los comigo.

1. É simples!

Aprendendo sozinho a arte da degustação

O prazer é uma experiência individual e intransferível. A memória gustativa pessoal é a base do domínio da degustação. Contribuir para a construção dessa memória, no campo dos vinhos espumantes, é o objetivo deste livro.

Boa música traz deleite à alma; água do mar em corpo quente é um delicioso refrigério; na pele, o frisson de uma leve carícia é puro paraíso; olhar o pôr-do-sol é paz para o espírito. A delícia do vinho é tudo isso: prazer do corpo e da alma, imponderável. Agudeza dos sentidos, descoberta de sensações. Como qualquer arte, o contato com o vinho é sempre revelador de nossa capacidade de captar sutilezas, numa amplitude e numa profundidade maior a cada novo contato. O vinho é instigante. O exercício prazeroso e continuado da apreciação de vinhos leva a uma crescente evolução de nossa capacidade de desfrutar prazeres, induzindo a uma elevação do nível de conhecimento pessoal. Comece pelo espumante que você está habituado a tomar: daí para a frente, o caminho natural do auto-refinamento o conduzirá à segurança natural para a apreciação consciente dos mais borbulhantes néctares das mais diferentes procedências.

Estudos sobre a capacidade de assimilação de informações pelas pessoas chegaram à conclusão de que a leitura de um texto, associada à prática orientada, resulta numa memorização acima de 50%, enquanto, isoladamente, a leitura oferece uma retenção máxima de 10%. Este livro propõe facilitar a leitura dos aspectos básicos da qualidade do vinho espumante e a prática orientada de sua degustação, realizada com o auxílio de fichas de registro. Você próprio avalia e anota suas impressões, compondo um banco de dados que será muito útil para a sua experiência como apreciador de vinhos. A ordem e a linguagem estão pautadas no espírito de enófilo, destacando pontos em que você deverá concentrar sua atenção a fim de encontrar a explicação para certas propriedades do espumante degustado. O livro traz módulos particulares, que permitem a você decidir sobre a seqüência de sua leitura, assim como retomá-los, especificamente, para tantas releituras quantas forem necessárias.

O ato de anotar exige concentração. Anotando suas impressões, você estará gravando detalhes. As fichas em branco, disponíveis na última parte do livro, destinam-se ao registro ordenado dessas impressões em cada oportunidade de degustação de espumante, e estão formatadas de maneira que você obedeça a uma disciplina que vai trazer o máximo proveito. A avaliação dos vinhos é sempre um exercício de comparação entre experiências. Essas comparações não são restritas necessariamente a impressões exclusivamente pessoais, podendo eventualmente vestir a roupagem do exercício muito humano de compartilhar experiências com outras pessoas. Quanto mais exercícios ocorrerem, mais detalhes serão gravados, resultando na crescente prontidão pessoal para avaliar.

Tenha sempre à mão este livro: um bom espumante, como qualquer prazer, pode acontecer de repente. Siga os roteiros, observe e anote, para dominar a deliciosa arte da degustação.

O ambiente ideal para a degustação

As condições ideais para uma degustação não são o comum do dia-a-dia. Diante de uma taça de espumante, você normalmente está no meio do burburinho de restaurantes, recepções, eventos ou grupos de pessoas. Mesmo assim, preste mais atenção ao primeiro cálice e anote suas impressões.

Os degustadores profissionais desenvolvem seu trabalho em salas com temperatura, umidade, ventilação e nível de ruído muito bem controlados, cada qual isolado em sua baia, separado dos demais, com iluminação própria e outros recursos necessários. Tudo é organizado para que nada influencie as avaliações. Indiscutivelmente, as situações normais do cotidiano não repetem essas condições ideais.

Mas isto não tem a menor importância quando estamos enxergando o vinho simplesmente como um instrumento de prazer. A busca do conhecimento dos rituais e da cultura da degustação não deve se perder nos excessos ou preciosismos. O apreciador deve estar sempre ligado ao lado lúdico da degustação no qual, como num jogo, avalia e decifra as boas charadas de cada taça de vinho espumante.

Se você se propuser a uma degustação mais técnica, busque criar as melhores condições possíveis. No que depender de você, procure observar, sem estresses, os cuidados destacados a seguir, ganhando um ambiente mais adequado para uma sessão de degustação em sua casa, com seu grupo de amigos ou junto a sua confraria.

Influências exteriores devem ser evitadas. Sem ataques de neurose, deve-se preparar o ambiente de degustação que ofereça as condições apropriadas para que os participantes se concentrem na busca dos detalhes do espumante.

O **horário** mais adequado para uma degustação de vinhos é aquele que precede a uma refeição forte, ou seja, entre 10 e 12 horas, preparando-se para o almoço, ou, no final da tarde, entre 18 e 20 horas, momento de chegada do jantar. A sessão vai transcorrer conjuntamente com o aumento do apetite que faz com que os sentidos fiquem mais sensíveis. No caso específico dos vinhos espumantes, esta questão do horário fica bem mais flexível: o espumante é um vinho que cabe no café da manhã, ao longo do dia e pode fechar as esticadas, madrugada afora!

A **iluminação** deve ser bem ajustada, utilizando-se luz branca e firme, para o que devem ser escolhidas lâmpadas do tipo " luz do dia" (branca), que não apresentem tremulações.

Quanto a **ruídos e odores**, devem-se evitar locais barulhentos, com passagem de pessoas estranhas, assim como ambientes com odores fortes de cozinha ou outros cheiros pronunciados (gasolina, cigarro, etc.).

A **temperatura** deve estar confortável, evitando-se ar-condicionado muito forte ou calor exagerado.

A mesa deve ser plana e estável, coberta com toalha branca ou paramentada com jogo americano, folha de papel ou guardanapo, **tudo sempre na cor branca**.

Os **cálices** devem ser apropriados para os vinhos espumantes. O formato dos cálices tem uma importância crucial porque vai exercer influências decisivas na liberação e concentração de aromas, tanto quanto permitirá o aprisionamento das correntes ascendentes (colares) de bolhas, prolongando o *perlage*. São as variações da taça *flute* ou tulipa as mais adequadas. Para homogeneizar as condições de degustação existe, com pequenas tolerâncias, o formato de cálice normalizado, a taça ISO, com características bem determinadas e dimensões definidas: diâmetro da base 65 mm, diâmetro da haste 9 mm, altura da haste 55 mm, diâmetro da parte mais larga do bojo 65 mm, altura do bojo 100 mm, diâmetro da boca 46 mm, espessura das paredes do bojo 0,8 mm, fabricado de cristal incolor e transparente, com 9% de chumbo. Há, também, uma taça especial de formato cilíndrico e sem a tradicional haste e pedestal. Taças rasas e abertas, muito em voga no passado, cujo desenho é associado ao seio da mulher (dessas taças diz-se que foram modeladas na medida dos delicados e formosos seios de Helena de Tróia), não se prestam à boa percepção das qualidades do espumante.

As **garrafas** deverão ser conduzidas para o resfriamento final com antecedência, para garantir a correta temperatura de serviço. Muitas vezes, a retirada da garrafa de espumante da cave ou do refrigerador muito antes do momento de servir, faz com que o vinho ganhe uma temperatura acima do ideal de serviço.

A **abertura** das garrafas deve acontecer de tal forma que o espumante não perca seus predicados e não saia da faixa de temperaturas adequadas, entre 4 e 8°C. O uso de baldes com água e gelo é a melhor providência para manter a temperatura durante todo o serviço de uma garrafa. Esta faixa de temperatura assegura o frescor da bebida, ao mesmo tempo que evita o gosto amargo ou metálico das bolhas, que ocorre a temperaturas mais altas. Alguns recipientes são especialmente desenhados para cumprir essa função.

Um dos maiores problemas para a degustação de espumantes está na **lavagem dos cálices**. Qualquer resíduo estranho de papel-toalha ou guardanapo, usado na secagem do cálice, assim como restos de detergente nas paredes, vai inibir decisivamente a formação de bolhas. O espumante pode ficar injustamente reprovado por não apresentar *perlage*.

Nas degustações mais formais, os **baldes** para cuspir o vinho degustado (cuspideiras) ou para jogar o resto de vinho, devem ser providenciados de tal sorte que cada pessoa tenha o seu, a fim de não constrangê-la no ato de utilização.

Para apagar as sensações fortes de sabores que se acumulam ou viciam as papilas gustativas, devem ser servidas fatias de **pão ou torradas**, **pêra** ou **maçã**, assim como **água mineral sem gás**.

Os participantes devem **evitar o uso de perfumes**, colônias, cremes e talcos com aromas fortes, para não prejudicar o exercício próprio e dos outros participantes.

Deleites sensoriais implicam regras flexíveis. Como este livro destina-se a iniciantes e iniciados que têm no vinho um veículo para a qualidade de vida, as sessões devem ocorrer em ambiente de informalidade e descontração, sem que se perca a oportunidade de avançar no domínio da arte da degustação.

2. O fundamental dos espumantes

Definindo os vinhos espumantes

Espumantes são vinhos brancos, rosados ou tintos, com gás carbônico natural aprisionado em seu corpo líquido e que, servidos em cálices, formam correntes ascendentes de bolhas que se transformarão num colar de espuma na superfície

Em princípio, três grandes categorias classificam as bebidas alcoólicas: os destilados (uísque, cachaça, vodca, etc.), os macerados (vermutes e assemelhados) e os fermentados (cerveja, saquê, vinho, etc.). Por sua vez, os vinhos podem ser tranqüilos (tinto, branco, rosé), tranqüilos fortificados (porto, madeira, etc.) ou espumantes (frisantes, verdes, *mousseux*, Champanhes, Cavas, etc.). O que difere e define um vinho espumante é a presença de bolhas de gás carbônico no corpo líquido que gera pressão na garrafa.

Para que essa fermentação ocorra e o gás naturalmente gerado não se perca no ar, adotam-se métodos e materiais específicos. Obtém-se espumante pelo método *asti* (por meio do qual a fermentação direta do mosto de uvas gera gás carbônico), pelo método *charmat* (por meio do qual alcança-se uma segunda fermentação do vinho-base em grandes tanques fechados) ou pelo método *champenoise* (por meio do qual a segunda fermentação é induzida na própria garrafa e que representa a maneira tradicional de se fazer espumante).

Embora essa fermentação de extração de gás carbônico seja uma condição fundamental para a fabricação desta bebida, é o mosto-base ou o vinho-base que vai definir a qualidade do espumante. A arte da *assemblage* (seleção, quantificação e composição dos vinhos-base que integrarão o vinho-base final), a decisão sobre a melhor uva, a safra ideal e outros procedimentos são papel do enólogo que se comporta como um regente de orquestra ou como um diretor de cinema, um profissional, enfim, que vislumbra o todo, o resultado, partindo da junção de elementos independentes para a desejada harmonização final.

O espumante é uma bebida alcoólica que apresenta conteúdo de álcool variando, basicamente, de 5,5% a 13%, medidos a 20°C,

Métodos mais correntes

Fermentação na garrafa – vinhos-base + leveduras → espumante (champenoise, das garrafas)

Fermentação em tanque fechado – vinhos-base + leveduras → espumante (charmat, asti)

destacando-se os valores aproximados de 7% para o Lambrusco, 8% para o Moscatel do método asti e maiores graduações para os espumantes pelos métodos champenoise e charmat.

Para que um vinho possa ser chamado de espumante, deve conter uma quantidade de gás carbônico natural dissolvida no meio líquido, o que forma uma câmara pressurizada dentro da garrafa, com maior ou menor pressão interna. A pressão interna é resultante da quantidade de gás carbônico presente, o que depende da variedade de uva, do processamento da fermentação e da quantidade de licor de extração adicionado. Para se ter uma idéia, a pressão de uma garrafa de espumante pode ser bem maior que a pressão do pneu de um carro (ao redor de 2 quilos). Ao ser liberada a fixação da rolha, caso não se tome o devido cuidado, a pressão interna faz com que a rolha seja inadvertidamente expelida como um projétil, depois de emitir um som curto como um seco "pop".

Se a pressão interna na garrafa não é suficiente para produzir a explosão do lançamento da rolha, quer dizer que a bebida tem uma quantidade moderada de gás carbônico e, conseqüentemente, formará menos espuma no cálice. Mesmo essas reduzidas bolhas, ao ser servido o vinho, vão espocar sobre a língua, produzindo um pinicado que gera sensação refrescante na mucosa da boca. Neste caso tem-se um frisante ou frisantino. Exemplo mais corrente poderiam ser os vinhos verdes de Portugal.

A produção de espumantes no Brasil já alcançou a casa dos muitos milhões de garrafas por ano, e está especialmente concentrada na Serra Gaúcha, no município de Garibaldi, que é a capital brasileira deste tipo de vinho. Devido às condições da Serra Gaúcha, as variedades cultivadas e o refinamento das práticas enológicas, o espumante nacional está no topo da lista dos melhores do mundo. Durante o ano de 2004, nos três maiores concursos internacionais desta categoria de vinhos, Effervescents du Monde, Muscats du Monde e Chardonnays du Monde, os espumantes franceses posicionaram-se em primeiro lugar, com cerca de 80 medalhas. Os espumantes do Brasil tiveram boa presença e trouxeram 18 medalhas, garantindo a **segunda** colocação no mundo. Outros importantes e tradicionais países produtores, a Itália e a Espanha, ficaram respectivamente em terceiro lugar, com 13 medalhas e na quarta colocação, com 7 medalhas.

Muitas vezes, um bom espumante servido não produz a quantidade esperada de espuma porque o cálice está com problemas de lavagem: resíduos de detergente, pano ou papel contaminam o ambiente da taça e inibem a liberação das bolhas e a formação de espuma.

Como os espumantes foram descobertos?

A criação do primeiro espumante ainda é motivo de querelas regionais na França, mas a receita tradicional vem da região francesa da Champagne, produtora do champanhe, valendo-se sempre das mesmas variedades oficiais de uva. Noutras partes do mundo, além da fórmula tradicional,

empregam-se distintas castas para gerar os mais diferentes tipos de espumantes.

Na fria região da Champagne, onde a neve cobre os vinhedos e os ventos varrem as encostas dos montes, produzir vinho é uma ocupação milenar para seus habitantes. Castigada em muitas guerras, por investidas de inimigos de variadas origens, essa região estava destinada a criar uma divina fonte de alegria para a humanidade, a bebida conhecida como o "rei dos vinhos", o espumante que aí nasceu e que, feito aí, recebe o nome da região.

Mesmo antes da revelação do vinho da região como espumante, os italianos vendiam espumantes rústicos e turvos do tipo Refosco Spumante e Moscato Spumante, pouco valorizados e praticamente desconhecidos. Famoso desde longa data, o vinho da Champagne, de início, apresentava-se como vinho tranqüilo (não espumante), branco-acinzentado ou tinto. Nessa época, os vinhos tranqüilos da Champagne eram comercializados em tonéis e, como fator de desvalorização perante seus compradores, caracterizavam-se pela irritante tendência de tornarem-se efervescentes, grande entrave para a sua conservação e para o atribulado transporte para locais distantes.

Com a invenção das garrafas pelos ingleses em torno de 1680, a comercialização dos vinhos ganhou maior praticidade e passou a ser realizada nesse novo tipo de embalagem. A partir daí começaram a aflorar os problemas para os vinhos da Champagne, que não ficavam comportados, sofrendo uma segunda fermentação, pressurizando, por este motivo, o interior da garrafa, estourando-a ou lançando os batoques de madeira ou de pano (rolhas primitivas) para longe. Esse tipo de vinho irrequieto era chamado na época de *saute bouchon* (salta rolhas) ou de *vin diable* (vinho diabo).

Mas – dizem as boas línguas – o problema é a solução. E assim foi.

Mosteiros da Igreja Católica, pelas mãos de seus dedicados e incansáveis monges, constituíam, na Idade Média, um centro produtor de vinho, daí advindo parte de sua renda e, muitas vezes, muito de seu prestígio perante monarcas e chefes militares. Dom Pérignon (1643-1715), monge beneditino e tesoureiro da abadia de Hautvillers, próximo a Epernay, na Champagne, responsável pelos vinhos, foi um dos muitos que tiveram que assumir a tarefa de solucionar o problema dessa fermentação, na época, indesejada. Ele passou a estudar o fenômeno da segunda fermentação e teve o mérito de compreender que o que ocorria dentro das garrafas era devido ao gás de carbono (CO^2), recomendando, em função da ação desse gás, que os fabricantes de garrafas as reforçassem. Além disso, dedicou-se ao estudo e à seleção rigorosa das melhores uvas, ao mesmo tempo que definiu as bases da resistência da garrafa e de seu fechamento. Ainda na França, a Veuve Clicquot deu mais um passo em direção à melhoria dos espumantes, descobrindo (e mantendo secretos enquanto pôde) procedimentos como *rémouage*.

Conta a tradição popular que aquele legendário monge francês, ao abrir uma garrafa de vinho de sua preparação, bem arrolhada, foi surpreendido pela explosão de espuma e, quando sorveu um largo gole, não resistiu à emoção e soltou a memorável frase: Estou bebendo estrelas! Embora essa passagem seja considerada como pura lenda, exageros à parte, os fatos atestam que Dom Pérignon foi quem mais se aplicou no desenvolvimento e na valorização do processo de refermentação do vinho na própria garrafa, hoje conhecido como método champenoise.

Os *terroirs* dos bons espumantes

A palavra francesa* terroir *constitui um termo de significado abrangente que dificilmente se completa com tradução simples e direta por meio de uma única palavra em outras línguas.

Para compreender o que é *terroir* temos que definir seus componentes principais, ou seja, terreno, solo e clima.

Um terreno apresenta, entre outras, características relacionadas à altitude e ao relevo. A altitude determina as ações específicas da temperatura, da insolação e da ventilação, que vão atuar sobre o vinhedo. O relevo, por sua vez, vai desenhar, em suas faces, maior ou menor exposição ao sol, bem como proteção contra os ventos, geadas e nevascas. A declividade de uma face do terreno, quando bem aproveitada, vai proporcionar insolação mais intensa nas folhas das videiras. Dentro do relevo, a declividade gera as condições de drenagem dos excessos de água que as chuvas fornecerem.

O relevo oferece condições ideais para a localização do vinhedo: drenagem, insolação e proteção contra intempéries.

O solo é um universo constituído por três porções: sólida, líquida e gasosa. A porção sólida, ao redor de 50%, contém minerais provenientes da desintegração de rochas e matérias orgânicas originárias da decomposição de animais e vegetais, ou seja, os alimentos das videiras. A porção líquida, cerca de 30% do solo, forma um fino envoltório de água ao redor das partículas sólidas, uma cápsula líquida que constitui a via para a circulação de seres vivos e de nutrientes sólidos. Finalmente, a porção gasosa, que compõe os restantes 20%, é formada por microporos e determina a atmosfera subterrânea, fornecendo oxigênio para as raízes. Seja muita ou pouca a água das chuvas, este líquido vai penetrar no solo e associar-se à sua estrutura. A porção líquida transforma-se num complexo veículo condutor dos nutrientes diluídos, que serão absorvidos pelas raízes da videira. Nos solos simplesmente arenosos existe o perigo de a água de chuva realizar uma lavagem da estrutura e de não sobrar nada de bom para a alimentação da videira. Já naqueles solos excessivamente argilosos, muito impermeáveis, a água vai se acumular na região das raízes e diluir de tal forma a carga de alimentos, que as raízes vão captar tão-somente uma rala sopa de albergue noturno! Entre esses dois extremos existirá uma infinidade de situações, cada uma caracterizando um tipo de solo, uma contribuição específica para o *terroir*.

Genericamente falando, os solos mais adequados têm estrutura própria para uma drenagem calibrada, não retêm toda a carga de água que recebem da irrigação natural ou artificial, chegando a uma boa diluição dos elementos a serem dragados pela videira.

O solo armazena os alimentos para a videira. A videira não se sai bem em solo de extrema fertilidade. Ao contrário, é nos solos pobres que busca elementos complexos, por uma espécie de extração seletiva.

O fator **clima** depende das condições reinantes ao longo de cada ano-safra. As condições climáticas principais são: chuvas, precipitações de granizo, geadas, nevascas, ventos frios, nebulosidade e amplitude térmica. A água do solo é o elemento de diluição dos alimentos da planta e varia de acordo com as chuvas. A ocorrência de chuva durante as fases do amadurecimento e da colheita é um problema sério, porque dilui demasiadamente o conteúdo das bagas da uva, derrubando drasticamente sua qualidade. Se durante a frutificação e colheita acontecer uma chuva de granizo (pedras de gelo), o vinhateiro enfrentará o drama da perda parcial ou total da produção de uva. Geadas podem queimar a floração das videiras; ventos frios e nebulosidade prejudicam a amplitude térmica, isto é, reduzem o tempo de aproveitamento dos raios solares pela planta.

O clima úmido, quente ou frio, com excesso de chuvas, contribui para a ocorrência de doenças das videiras.

A palavra francesa *terroir* define uma porção de terra em cujos limites interagem combinações de fatores ambientais específicos, que geram, para cada caso, condições únicas e cuja influência no desempenho das videiras implicará uma dada personalidade dos seus vinhos. Os fatores ambientais que influenciam cada *terroir* dependem exclusivamente da natureza e de seus caprichos. Obviamente, as mãos do viticultor e seus tratos culturais aos vinhedos vão adicionar outros tantos fatores. A localização do terreno do vinhedo ou, mais rigorosamente, a determinação do *terroir*, pode ser comparada com a instalação e regulagem de uma antena parabólica. Neste caso, o relevo e a declividade de terreno determinam a antena de captação da energia solar, cuja posição deve ser escolhida para colher o máximo da amplitude térmica. Uma vez escolhido o terreno, a área passa a operar como uma antena parabólica fixa, e assim nasce um *terroir*.

Em cada *terroir* uma dada casta de videira pode apresentar uma adaptação melhor. A videira é planta de invulgar versatilidade e não teve dificuldades para acompanhar os nossos antepassados exploradores nos grandes descobrimentos, que aumentaram a área conhecida do planeta. Nessa aventura, a vide foi revelando, no mundo recém-descoberto, áreas com vocação de *terroir*. As exigências para prosperar, ao revés de outros cultivos, são quase espartanas – a videira não exige solos férteis, nem gosta de solos muito úmidos, dando-se melhor nos mais secos e complicados.

Distintas combinações de diferentes condições do relevo, do solo e do ambiente, resultam em infinitos *terroirs* pelo mundo afora.

Na Champagne, região francesa dos espumantes mais complexos do mundo, o solo se formou a partir da retirada do mar, há milhões de anos. O antigo fundo do mar permaneceu com uma camada enterrada de argila arenosa, encoberta por outra superficial de argila e calcário. Esta composição calcária comporta-se como uma grande esponja que guarda a água das chuvas do inverno e, posteriormente, libera, de forma dosada, a água requerida durante o verão. O calcário tem outro papel importante como regulador térmico que armazena calor do verão e o fornece durante o inverno. Nessa província vitivinícola, uma das mais setentrionais do globo terrestre, apresenta-se um clima rigoroso com temperatura média anual inferior a 11°C. Os ventos frios e as geadas, especialmente na primavera, podem prejudicar a brotação jovem, exigindo tratos culturais especiais para proteção do frio excessivo. A maturação é mais lenta e a colheita é realizada quando a uva ainda apresenta acidez saliente, em datas determinadas para cada vila. A fixação do calendário de colheita obedece a cada ano às condições climáticas e ao tempo necessário para que a uva atinja a mínima concentração de açúcar. Nos anos em que o conteúdo real de açúcar resulte em uma graduação alcoólica tão baixa quanto 8° GL, pode ser adicionado açúcar de cana para incrementar até 1,5° GL e, na segunda fermentação, permite-se uma nova correção com açúcar de cana para introdução de mais 2° GL.

Aparentemente fácil, a elaboração de espumantes implica a existência de *terroir* adequado, com peculiaridades que garantam uva de maior acidez e de composição complexa. Especialistas internacionais apontam que, além da região da Champagne, existem certas partes da Itália, da Espanha e do Brasil com excepcionais condições de produção de uvas de espumantes de alta qualidade.

Em determinados pontos da Serra Gaúcha, de solos vulcânicos, pedregosos, de relevo montanhoso, bem drenados, localizados a uma altitude que varia entre 600 e 700 metros acima do nível do mar, age um clima que oferece duas condições privilegiadas para os espumantes:

- a primeira é devida ao fato de ocorrerem, na fase de maturação das uvas, noites frescas, impondo ritmo mais lento ao amadurecimento das uvas, proporcionando, desta maneira, aromas finos e delicados;
- a segunda é que, pela ocorrência de chuvas, o céu fica mais encoberto, o que evita excessos de insolação e retarda a maturação.

Neste complexo conjunto de condições é possível identificar-se, no sul do Brasil, *terroirs* com excepcional aptidão para a produção dos espumantes, especialmente centrados na cidade de Garibaldi.

Outras áreas brasileiras de grande potencial para espumantes são as terras altas e frias de São Joaquim e Água Doce em Santa Catarina, onde as temperaturas mínimas caem bem abaixo de zero e as máximas não chegam a igualar as da Serra Gaúcha.

Apesar das intermináveis discussões (que devem sempre ser regadas a um bom vinho) o conceito de *terroir* é, no mínimo, um interessante pretexto para experimentar vinhos das mais distintas procedências.

Na uva os segredos do vinho espumante

Muito se tem falado sobre a importância crucial da uva na qualidade do vinho. Para o espumante, a condição é a mesma. As pesquisas realizadas por Dom Pérignon contavam com distintas castas como a Gamay, a Meslier e a Arbanne, além da Pinot Noir, Chardonnay e Meunier. Estas três últimas venceram a batalha da qualidade, tendo sido a Gamay posteriormente banida do norte da Borgonha. Atualmente, as receitas oficiais de espumantes da Champagne, baseadas no emprego da Pinot Noir, Chardonnay e Meunier, são copiadas no mundo todo.

As uvas determinam um vinho-base mais adequado à segunda fermentação. Em princípio, é possível produzir espumantes a partir de inúmeras castas de uvas brancas, tintas e rosadas, mas somente uma minoria revela-se com alta expressão. De um modo geral, as vinícolas podem empregar uvas de variedades européias, americanas e híbridas, estas últimas constituindo cruzamento entre distintas castas.

As **uvas européias** (*Vitis viniferae*) são originárias da região do Cáucaso e notabilizaram-se pela produção de vinhos na Europa Ocidental. Destas, utilizam-se, para os espumantes, principalmente as castas Pinot Noir, Meunier, Chardonnay, Chenin, Sauvignon Blanc, Riesling, Macabeu, Xarel-lo, Moscatel, Prosecco e Lambrusco.

As **uvas americanas** proliferam desde tempos imemoriais na faixa que vai da região canadense dos Grandes Lagos, descendo pela costa leste dos Estados Unidos, até o México e a Costa Rica (*Vitis labrusca*, *Vitis rupestris*, *Vitis aestevalis*, *Vitis caribae*, etc.), e têm sido usadas para produção não só de sucos, doces e essências, como de vinhos comuns de mesa. No entanto, é possível encontrar nos Estados Unidos vinhos espumantes da uva Catawba e, no Brasil, espumantes da uva Niagara.

Dentre as **uvas híbridas** destacam-se a Goethe (84% vinífera e 16% americana) e a Villenave (Riesling Renano e outras viníferas).

A referência internacional de apreciação dos espumantes está amparada na sutileza de seus aromas e paladares. Isto é o que se conhece pela preferência do consumidor.

Castas usadas na elaboração de espumantes

Viníferas clássicas da receita da Champagne
Pinot Noir
Pinot Meunier
Chardonnay

Outras variedades viníferas
Chenin
Merlot
Riesling Renano
Cabernet Sauvignon
Cabernet Franc
Malbec
Moscato Canelli
Moscatel
Prosecco
Lambrusco
Torrontés

Variedades híbridas
Goethe (vinífera+americana)
Villenave (vinífera+vinífera)

Americanas
Niagara
Catawba

Como paradigmas, existem os diversos estilos de espumantes, grande parte baseada em receitas da Champagne, que destacam diferentes características aromáticas obtidas de efeitos da interação das castas clássicas:

Champagne

- a Pinot Noir provê a estrutura básica e a profundidade de aromas de frutas com traços de morango, cereja e framboesa, assim como de flores, com toque de violeta e de rosa;
- a Chardonnay contribui com contornos de austeridade e elegância dos espumantes jovens, com capacidade para evoluir com o amadurecimento para elementos

amanteigados e particularidades de delicadas especiarias;

- a Pinot Meunier, acoplada às demais, acrescenta velocidade ao processo de maturação do espumante, conferindo-lhe riqueza de detalhes frutados, função da juventude do espumante.

Não há obrigatoriedade de uso das três castas em um espumante *champagne* e as receitas são decididas pelos enólogos através de um longo caminho de degustação dos muitos vinhos-base.

A famosa Bollinger R. D, Extra-brut tem, aproximadamente, 70% de Pinot Noir, 25% de Chardonnay e 5% de Pinot Meunier; a Bollinger Vieilles Vignes Françaises – Blanc de Noirs Brut, tem 100% de Pinot Noir, e a Charbaut Certificate Blanc de Blancs Brut tem 100% de Chardonnay. A expressão Blanc de Noirs é empregada para o espumante obtido exclusivamente de Pinot Noir (uva tinta), enquanto o Blanc de Blancs consiste no espumante de Chardonnay (uva branca). Normalmente os melhores *champagnes* são de Pinot Noir e Chardonnay, como Moët et Chandon Cuvée Dom Pérignon Brut ou Veuve Clicquot La Grande Dame.

Blanquette de Limoux

Um caso histórico é o do espumante francês Blanquete de Limoux, cujo desenvolvimento ocorreu antes que tivesse sido elaborado o primeiro *champagne*. Este tipo de espumante é baseado nas uvas Mauzac Blanc, Chardonnay e Chenin Blanc.

- a Mauzac Blanc, predominante no Blanquete de Limoux, é colhida cedo para garantir alta acidez mas, mesmo assim, agrega seu aroma característico de casca de maçã seca;
- a Chenin Blanc, presente nos espumantes franceses do Loire, nos sul-africanos e nos neozelandeses, apresenta acidez saliente, aromas e sabores com traços de maçã verde, damasco, noz e mel.

Crémant de Loire

Os espumantes franceses Crémant de Loire, por sua vez, são elaborados com no mínimo 70% das castas principais Chenin Blanc, Cabernet Franc, Cabernet Sauvignon, Pinot Noir ou Chardonnay, somados a 8,5% da cepa local Groslot Noir.

- a Cabernet Franc traduz-se em corpo leve e produz espumante com aromas de frutas como o morango e a pêra, complementados com traços herbáceos agradáveis de folhas maceradas e pimenta verde.
- a Cabernet Sauvignon contribui com o corpo do espumante, aromas sutis de madeira, couro, mel, pimenta verde, tabaco e azeitonas.

As diferentes receitas francesas são reproduzidas pelas vinícolas de muitos outros países na elaboração de espumantes de qualidade. Outras variedades, porém, entram igualmente na composição de espumantes, concorrendo para a sua personalidade. Dentre os espumantes regionais destacam-se:

Cava

Denominação espanhola para os espumantes elaborados pelo método champanhês, normalmente emprega no seu conjunto as castas espanholas:

- a Xarel-lo, uma clássica dos espumantes daquele país que confere o aroma de terra dos Cava.
- a Macabeu, normalmente associada a ou-

tra branca, a Viura, produzindo espumantes agradáveis, levemente florais e de baixa acidez.

- a Parrellada, entra nos cortes com fina qualidade e leveza, especialmente quando resultantes de videiras cultivadas em solo pobre e clima frio.

Lambrusco

Variedade vinífera italiana que se tornou nome de um estilo simples de espumante, sem grande pretensão, aromas de frutas maduras e passadas.

Prosecco

Variedade vinífera italiana que se tornou nome de espumante, atualmente em moda, levemente frutado, aroma de frutas brancas como pêra, melão e pêssego, boca com leve cítrico de lima-da-pérsia, inclusive o leve amargor desta fruta.

Sekt

Denominação alemã para espumantes elaborados a partir das castas alemãs:

- Riesling que oferece floral de rosas e frutas brancas delicadas como o jambo e o pêssego.
- Müller Thurgau e Rivaner, secundárias, praticamente inexpressivas, em espumantes de tênue aroma floral.
- Silvaner, secundária, produzindo espumantes com acidez saliente e leve floral.

Asti spumante

- Família Moscatel – diversas variedades desta uva, com traço predominante de frutas secas, açúcar mascavo e passas.

No Brasil, elaboram-se espumantes desde 1915, na cidade de Garibaldi, pela iniciativa pioneira da vinícola de Manoel Peterlongo Filho, seguindo o método champenoise. A Companhia Vinícola Rio Grandense, a maior expressão enológica brasileira até os anos 1960, participou na evolução deste tipo de vinho. Depois aportaram por lá os franceses da Georges Aubert, casa produtora que literalmente imigrou para o Brasil. O desenvolvimento deste segmento da indústria vitivinícola nacional culminou com a chegada da Chandon e, com o desenrolar do tempo, pela identificação em diferentes pontos da Serra Gaúcha, de microclimas adequados à produção de espumantes de alta qualidade. Grande impulsionadora dos espumantes brasileiros foi a Cave de Amadeu, nas mãos do enólogo Mário Geisse, que igualmente apoiou os primeiros passos de inúmeras vinícolas que hoje têm expressão e têm alcançado premiações internacionais.

Os produtores brasileiros adotam diversas composições de variedades de uva, normalmente envolvendo Pinot Noir, Chardonnay e Riesling Itálico; o Salton Reserva Ouro Brut Charmat baseia-se em 80% Chardonnay e 20% Riesling Itálico; o Miolo Brut tem a participação de Pinot Noir e Chardonnay; o Brut Don Laurindo compõe-se de Chardonnay e Riesling Itálico; o Cave Geisse Brut da Cave de Amadeu é Chardonnay e Pinot Noir; o Aurora Millésime Brut é 70% Chardonnay e 30% Pinot Noir; e assim por diante.

- a casta européia Riesling Itálico adaptou-se admiravelmente aos topoclimas gaúchos e participa de inúmeros espumantes brasileiros de peso, contribuindo para a formação de aromas finos e leves, cítricos, uma marca característica da Serra Gaúcha.

Um dos produtores que oferece linha mais ampla, a Casa Valduga, elabora espumantes de qualidade, de vários tipos, tais como o Moscatel (Moscato Canelli), Prosecco, Tinto, Brut, Extra-brut, Natura, Blush e outros.

As castas determinam os descritores característicos para os olhos, o nariz e a boca.

A videira adora ser bem produzida

As videiras são plantas que, na forma espontânea, selvagem, crescem e lançam longas melenas, como qualquer outra planta trepadeira. Essa orgia de contatos e abraços tem por fim alcançar pontos de apoio para que as ramagens se exponham ao sol e recebam o máximo de insolação, fonte de sua energia vital. Quando cultivadas, o viticultor tem de conhecer todas as características do clima e do terreno local (*terroir*) objetivando determinar a melhor forma de conduzir as parreiras para alcançar a máxima qualidade da uva produzida. As ramagens são "produzidas" com a elegância de cada método de condução.

A natureza desta planta não convive com desperdícios. No final do ciclo anual de produção de uva, a videira entra nos meses de inverno sem folhas e com os galhos remanescentes aparentemente secos, mas com muita energia armazenada no caule e nas raízes. Aquela cor marrom, com aspecto de natureza morta, indica o período de hibernação, quando a videira se concentra na expansão das raízes, as quais vão se posicionar para captar alimentos na próxima safra. Aqui o viticultor entra em cena, executando uma poda inteligente que reduz as ramagens excessivas e dá a forma a ser mantida na fase de descanso aéreo. Neste convívio milenar foram criados modos e modas para conduzir as ramagens das videiras. Algumas formas firmaram-se como tradição da viticultura de regiões também famosas.

Na região francesa de Bordeaux, as videiras são conduzidas de forma bem característica – o tronco sai da terra e sobe na vertical até encontrar o primeiro fio horizontal de arame; deste ponto passa a acompanhá-lo, soltando ramagens que serão presas nos fios superiores. A visão geral é o de uma cerca-viva. Trata-se da forma de condução conhecida como espaldeira.

Nas íngremes encostas do litoral italiano, tipicamente em Cinque Terre, as condições topográficas obrigam o viticultor a trabalhar uma condução com maior liberdade de crescimento das videiras para cima, em espaldeiras altas, com maior número de fios horizontais.

Nas ensolaradas ilhas gregas, como a de Santorini, a videira é trabalhada como um pequeno arbusto de copa arredondada, própria para receber uma quantidade limitada de insolação e proteger os cachos da queima pelo excesso de sol.

Na famosa cidade sul-africana de Paarl, com topografia suavemente ondulada e encostas pouco abruptas, a vinícola Laborie, da gigante KWV, pratica uma condução própria em que uma mesma videira solta dois troncos secundários, cada qual inclinado para um lado, aumentando o aproveitamento do solo e da insolação.

No Brasil, por tradição, usava-se conduzir as videiras predominantemente em **latadas**, ou seja, formando extensos caramanchões, possibilitando alta produtividade de uvas de baixa qualidade. Atualmente, aqueles que advogam as virtudes da latada modificaram-na para **latada aberta**, enquanto a maioria dos produtores de vinhos finos está partindo para vinhedos conduzidos em **Y**, **lira**, **manjedoura** e, principalmente, **espaldeira**.

> **A forma de trabalhar as ramagens da videira chama-se condução e depende das condições locais do vinhedo. O viticultor escolhe um sistema de condução para tirar o máximo proveito do clima e do terreno, tratando de reduzir a produção e melhorar a qualidade da uva.**

Qualidade não se bica com quantidade

O conjunto dos vinhos do mundo forma uma pirâmide que tem na base um grande volume de vinhos comuns e no vértice aqueles poucos ícones da qualidade.

A qualidade do vinho está intimamente ligada à produtividade do vinhedo. Quanto mais baixa a produção de um vinhedo, obtida através de tratos culturais adequados, melhor será a composição das bagas da uva, possibilitando a elaboração de vinhos de qualidade. Esta constatação prática de muitos séculos influenciou as legislações vinícolas européias que, entre outros fatores controlados, determinam a máxima produtividade do vinhedo para que resulte um vinho oficialmente enquadrado no nível de qualidade da região demarcada.

Ao final de uma colheita, o viticultor inicia um processo de podas para eliminar ramos inúteis e deixar a videira preparada para uma brotação sem desperdícios de sua energia. Outras ações de poda vão acontecendo, determinando-se uma quantidade limitada de galhos que deverão ser produtivos. Quando os cachos começam a se desenvolver, vem o procedimento do desbaste, eliminando cachos que somariam uma produção maior do que a estabelecida, prejudicando a qualidade objetivada. Trata-se de uma verdadeira maratona contra a quantidade! Para a obtenção de vinhos-base adequados ao processo de obtenção de espumantes de alta qualidade, toda a prática de poda é crucial, e deve ser obedecida e complementada com a seletividade dos cachos, conduzindo a produtividade por videira para valores ao redor de 3 quilos.

Isto tem custo. O melhor espumante vai apresentar preço mais alto em relação aos espumantes correntes.

Vindima: aqui o bicho pega

Para obter um vinho-base de espumantes de qualidade, o primeiro passo é a escolha das variedades de uva. A segunda preocupação são os tratos culturais da videira durante a produção. Mas o ponto crucial fica por conta de se estabelecer o momento preciso da colheita da uva.

A maneira de conduzir a colheita interfere na qualidade do futuro vinho. Nos espumantes, a acidez viva precisa prevalecer, por isso a uva deve ser obrigatoriamente colhida antes da maturação plena, para que haja uma concentração adequada de ácidos. A vindima compreende a degustação das uvas, a coleta dos cachos, o transporte, a seleção, a medição final das qualidades (açúcar e acidez) e a alimentação do processo de esmagamento.

Os cachos não amadurecem de maneira uniforme, o que faz com que, num mesmo vinhedo, a coleta se alongue por vários dias, para a seleção de uvas com o mesmo grau de madurez. Esta prática evita a alimentação de cachos muito verdes, o que introduziria sabores defeituosos no vinho. Um preciosismo realizado na região francesa da Champagne, e por algumas vinícolas brasileiras como a Cave de Amadeu e a Chandon, compreende a colheita dos cachos selecionados, dos quais são eliminadas as bagas verdes ou estragadas. Esta prática se chama *epluchage*, e é empregada na colheita de uvas para os produtos mais sofisticados.

As uvas devem ser colhidas cortando-se o pedúnculo e colocando-se cada cacho numa caixa plástica rasa a fim de não acarretar empilhamento excessivo dos cachos, o que causaria o esmagamento de bagas pelo peso sofrido. Isso implicaria eventualmente tingimento impróprio de espumantes pelos corantes das cascas das uvas tintas, fermentação precoce indevida, além de doenças pela ação de bactérias.

Durante a colheita os cachos supermaduros ou com defeitos são imediatamente descartados e não entram nas caixas de transporte para a vinificação.

A elaboração dos vinhos espumantes

De acordo com o vinho-base ou mosto-base empregado, o método de fermentação e a forma de seguir o processamento, teremos diferentes estilos de espumantes.

Alguns conceitos são importantes para que se entenda a elaboração de espumantes:

- **vinho-base (*cuve*)**: vinho tranqüilo produzido a partir das uvas selecionadas, através de técnicas enológicas determinadas, com acidez saliente, conservado em estoque para ser utilizado pelo enólogo;
- ***assemblage*** corte ou composição (*cuvée*): mistura de vinhos-base formando o vinho-base final; o tipo de espumante depende do vinho ou dos vinhos que são misturados formando esta composição;
- **mosto-base**: suco integral da uva, preparado para ser fermentado diretamente, em tanque fechado, mantendo o gás carbônico preso no vinho (método asti), transformando-se em espumante.
- **segunda fermentação**: fermentação do vinho-base que gera o espumante.

Numa primeira distinção, de acordo com a cor, são definidos três **tipos** de espumantes:

Branco – elaborado a partir de uvas brancas e tintas, o tipo mais comercializado no mundo.

Rosado ou **rosé** – elaborado a partir de mistura de tintos e brancos, ou diretamente de vinhos rosados.

Tinto – elaborado com uvas tintas.

A espuma depende da quantidade de gás carbônico presente no vinho. Resulta do método seguido, da temperatura de fermentação e do tempo de fermentação.

Simplificando, a quantidade de espuma está diretamente relacionada com a pressão na garrafa. Grosso modo, há três níveis diferentes de pressão interna:

Frisantinos – levemente frisantes – pressão de 1 a 2,5 atmosferas (kgf/cm^2).

Neste tipo podemos situar os famosos vinhos Verdes, produzidos no noroeste de Portugal. Constituem rótulos portugueses de grande expressão: Grinalda, Quinta do Tamariz, Alvarinho Cêpa Velha, Casa de Compostela, etc.

Na França, podem ser apreciados os Perlant ou Pétillant Moët Chandon.

Frisantes – podem ser considerados como meio-espumantes – pressão de 2,5 a 4 atmosferas.

Blanquete de Limoux
Crémant
Lambrusco

Espumantes – pressão de 5 a 6 atmosferas.

Mousseux
Champagne
Cave
Espumantes em geral
Prosecco
Asti

A tomada de espuma é o processo de geração do gás carbônico pela ação dos fermentos sobre o licor de tiragem (licor de extração) adicionado, cuja quantidade calibra a pressão dentro da garrafa e provê açúcar residual. Antes do fechamento final da garrafa, a adição do licor de expedição completa o açúcar residual e define a classe do espumante:

Extra-brut – baixíssimo açúcar residual, até 6 gramas por litro, sabor muito seco.

Brut – baixa concentração de açúcar, até 15 gramas por litro, sabor seco.

(Extra-brut e Brut são os espumantes mais secos e esta classificação independe da variedade de uva utilizada na elaboração dos vinhos-base. As bolhas destes espumantes mostram-se mais vivas).

Extra-sec – média concentração de açúcar, de 15 a 20 gramas por litro, sabor sutilmente adocicado.

Sec – apresenta parcela ponderável de açúcar residual, até 35 gramas por litro, sabor levemente adocicado.

(Estes dois tipos são menos secos, na realidade levemente adocicados, contrariando esta denominação tradicional, cuja origem está perdida na poeira dos tempos).

Demi-sec – alta concentração de açúcar, até 50 gramas por litro, sabor bem doce.

Doux (não mais produzido em escala comercial) – maior concentração de açúcar, mais do que 50 gramas por litro, sabor mais doce de todos.

(São espumantes doces que podem fazer boa harmonização com sobremesas).

Em princípio, é possível produzir espumantes a partir de um grande número de variedades diferentes de uvas brancas, rosadas ou tintas, tanto da espécie vinífera, quanto das americanas ou das híbridas, embora somente uma minoria ofereça vinhos de grande expressão. Tradição e regionalismo são fatores que pesam para a escolha das castas e demais decisões.

Elaboração de espumantes

método champanhês (tradicional ou champenoise)
método transversal
método das garrafas
método contínuo
método charmat
método ancestral
método asti

Método champanhês

Este é o método adotado para a elaboração dos espumantes mais finos. Também conhecido como méthode traditionelle, méthode classique, méthode traditionelle classique, traditional method *ou* classic method, *método champanhês ou método tradicional.*

A elaboração dos espumantes pelo método champenoise envolve dois passos importantes: a obtenção dos vinhos-base e a tomada de espuma (*prise de mousse*).

Obtenção dos vinhos-base (I) (*les cuves*)

Os "espumantes champenoise" são elaborados a partir de vinhos-base (também chamados de *cuves*, por sua estocagem em cubas, tanques ou barris) selecionados com muito critério, de acidez saliente, teor alcoólico em torno de 10 a 11% e açúcar residual, abaixo de 1,5 grama por litro. Esses vinhos-base são obtidos da fermentação do mosto extraído por prensagem cuidadosa da uva, tanto branca quanto tinta. Quando se elaboram espumantes do tipo branco a partir de uva tinta (Pinot Noir ou outra), a extração do mosto requer cuidados para impedir que os corantes presentes na casca se transfiram para o mosto.

Dependendo da capacidade financeira da casa produtora, muitos vinhos-base, de várias safras e procedências, são estocados cuidadosamente para futuras utilizações.

Obtenção dos vinhos-base (II) (*la cuvée*)

A próxima providência envolve a degustação de cada um dos vinhos-base (*les cuves*) de diferentes safras e origens e a seleção das melhores combinações entre eles, até se chegar a uma composição final (*assemblage*), capaz de garantir a qualidade, a fineza e a tipicidade do espumante. Tem-se aí o composto básico denominado *la cuvée*.

Os vinhos de uvas tintas (Pinot Noir e Pinot Meunier), apesar da prensagem muito leve, podem apresentar um toque sutil de coloração que é perdida na fase da tomada de espuma. Antes da fermentação, o vinho de *assemblage*, com graduação alcoólica limitada, deve passar por um processo de estabilização sob baixas temperaturas a fim de se evitar a formação de cristais na garrafa.

Tomada de espuma ou champanhização

Uma vez aprovada a combinação dos vinhos-base, a *assemblage* é executada (*la cuvée*) e o volume total da produção vai receber a adição do *liqueur de tirage* (licor de tiragem, licor de extração ou licor de tomada de espuma), que alimentará as leveduras responsáveis pela segunda fermentação.

Este licor é uma solução feita com o mesmo vinho-base (individual ou *assemblage*), ao qual se adiciona açúcar. A quantidade de licor que se coloca no vinho-base depende do volume de gás carbônico para gerar uma determinada pressão interna na garrafa. Nos espumantes a pressão interna de 6 atmosferas é obtida acrescentando-se cerca de 30 gramas de açúcar por litro de vinho-base.

A garrafa é fechada com uma tampinha metálica (corona gigante) e a segunda fermentação (*prise de mousse*) vai ocorrendo e gerando depósitos de fermentos mortos que vão se depositando nas paredes. Após a segunda fermentação, as garrafas devem ser agitadas para misturar os sedimentos e o vinho (*coup de poignet*) e, em seguida, dispostas sobre armação de madeira, onde permanecerão de tal forma que o espumante estará em contato com as borras mortas. O tempo de permanência do espumante em contato com a borra é uma decisão de extrema importância para a obtenção de alta qualidade e estilo. Quanto maior o tempo, maior a absorção dos aromas e sabores desprendidos, por autólise, das células mortas das leveduras.

Na região francesa da Champagne, a legislação prevê uma permanência mínima de quinze meses para o contato do champagne com as leveduras mortas. Alguns especialistas defendem a tese de que a absorção somente começa efetivamente após dezoito meses de permanência e que o champanhe atinge predicados surpreendentes num período de cinco a dez anos. Quem provou o Don Pérignon da passagem do milênio concorda plenamente com a tese de se estender o tempo de autólise!

Para liberação final do espumante, é preciso eliminar os resíduos sólidos e os depósitos de borras a fim de garantir corpo límpido e cristalino. Este trabalho exige uma longa preparação. É uma fase em que as garrafas são colocadas em suportes especiais, pupitres, inicialmente na posição horizontal e vão sofrendo o trabalho de *rémuage*, ou seja, movimentos manuais de giro em torno do próprio eixo com parada brusca, gerando pequeno choque que descola os depósitos de borra das paredes e, a cada operação, a garrafa é posicionada com uma nova inclinação do gargalo para baixo. Após cerca de seis semanas, a garrafa está de ponta-cabeça com os depósitos no gargalo.

Nessas etapas, a graduação alcoólica se eleva em quase 1,5° GL e a pressão interna alcança de 5 a 6 atmosferas, antes do *dégorgement*.

Na Catalunha, Espanha, uma das maiores produtoras de espumantes do mundo, foi desenvolvido um equipamento para executar mecanicamente a *rémuage*, chamado *girassol* ou *gyropalette*, adotado por uma grande parte dos produtores dos mais diferentes países. Trata-se de um procedimento que elimina a figura do especialista *remueur*, mão-de-obra caríssima, além de reduzir drasticamente o tempo de eliminação dos depósitos de seis semanas para três dias. Esta redução, porém, trabalha contra a qualidade do espumante porque pode eliminar o lento processo final de absorção dos elementos da borra, com reflexos na textura (cremosidade), no sabor e no aroma do espumante.

Dégorgement

Cabe à vinícola ou casa produtora a decisão sobre a faixa de preço de um determinado espumante. É sabido que o preço final está relacionado com o tempo de descanso sobre as borras, encerrando-se com a operação chamada *dégorgement*, que nada mais é do que eliminar os depósitos de borra acumulados no pescoço da garrafa.

Uma forma alternativa é chamada de *rémuage à la volée*, que é feita simplesmente destampando a garrafa e deixando que a pressão interna arremesse o batoque de borra. Outro procedimento, denominado *rémuage à la glace*, consiste no resfriamento do pescoço da garrafa para congelar os sedimentos, formando um cilindro que é expulso pela pressão interna da garrafa.

Na eliminação do batoque de borra perde-se parte da pressão interna, como também de vinho. Para compensar, cada garrafa tem seu nível interno completado através da adição do licor de expedição (*liqueur d'expedition*), que é uma solução preparada com xarope de açúcar de cana e vinho-base. Este vai recuperar o nível interno e proporcionar fermentação residual suficiente para compor a pressão final do espumante.

Coroando o processo, as garrafas são fechadas com rolhas reforçadas que, pela pressão de aplicação no gargalo, tornam-se cabeçudas, e podem ser vistas em todo espumante presas com uma gaiola de segurança, feita de arame reforçado. O resto é acabamento da garrafa com cápsula.

Descanso nas caves

Para completar o ciclo de elaboração dos espumantes, a garrafa permanece em caves por um tempo que depende da filosofia e da política de cada vinícola. Normalmente, para os grandes espumantes do método champenoise, a colocação à venda dá-se depois de um mínimo de um ano de amadurecimento para os *non vintage* e de três anos para os *vintage*. Antes da colocação no mercado são aplicados os rótulos e adereços de fantasia.

Os grandes champagnes são elaborados por vinte e cinco casas pertencentes ao Syndicat des Grandes Marques de Champagne, formado em 1964, dentre elas a J. Bollinger, Veuve Clicquot, Deutz & Geldermann, Heidsieck Monopole, Krug, Moët & Chandon, G. H. Mumm, Taitinger e Piper Heidsieck. Não obstante, as pequenas casas vêm crescendo e mostrando que sua qualidade está evoluindo.

No Brasil, onde se elabora o segundo melhor espumante do mundo, classificado imediatamente depois do *champagne*, algumas áreas têm condições excelentes para a produção de bons espumantes: Garibaldi, Pinto Bandeira, Água Doce e outras. A Chandon brinda-nos com o Excellence (obra-prima do mago Philippe Mével), a Cave de Amadeu marca presença com o Cave Geisse Brut (menina dos olhos do pai do espumante brasileiro, Mário Geisse), a Casa Valduga oferece uma coleção de diferentes espumantes, a Peterlongo mantém sua tradição quase centenária, com novos rótulos muito premiados no exterior ultimamente, como: Marson, Miolo, Salton e De Lantier. Salientam-se também os produtores como Casa Pedrucci, Cave de Pedra e Georges Aubert.

Os espumantes elaborados através do método champenoise podem receber no rótulo a informação "fermentado nesta garrafa".

Método transversal (*by pass method*)

Esta variação do método anterior segue-lhe todos os passos até a etapa do *dégorgement*. Depois desta providência o espumante é transferido das garrafas para um tanque sob pressão, onde recebe o licor de expedição. Deste tanque o espumante é transferido através de sistema fechado, sem perda de pressão, para as garrafas de tamanhos diferentes.

Esta instalação é empregada para produção de espumantes em garrafas de volumes diferentes das normais. São as garrafas com volume de um quarto de garrafa, meia garrafa, quatro garrafas, seis garrafas e outras (veja mais adiante detalhes sobre os distintos volumes de garrafas de espumantes no tópico "As garrafas são especiais").

Este é um processo alternativo para se resolver a linha de engarrafameto em volumes especiais. Não pode estar indicado no rótulo "fermentado nesta garrafa", tendo permissão para anotar "fermentado na garrafa".

Método das garrafas

Este método é conhecido na França como méthode de transvasement, *e nos Estados Unidos por* carstens method. *De uma maneira geral, é conhecido simplesmente como método de transferência.*

A grande diferença em relação ao método champenoise é a eliminação da fase de manuseio das garrafas para descolagem das borras da parede (*rémuage*), e da eliminação das borras concentradas no gargalo da garrafa (*dégorgement*). No presente método, essas operações são substituídas por um procedimento bem simplificado. Depois do período de fermentação e de repouso do espumante sobre as borras, o conteúdo é transferido das garrafas para um tanque pressurizado; nele as borras são eliminadas por decantação e filtragem.

O licor de dosagem é adicionado ao espumante bruto no tanque pressurizado e o espumante final engarrafado em novas garrafas, que são arrolhadas, tendo seu fechamento reforçado com a grade de arame.

É permitido indicar no rótulo "fermentado na garrafa", como acontece com alguns espumantes espanhóis.

Método contínuo

Desenvolvido e utilizado inicialmente na antiga União Soviética para produção de grandes volumes de espumantes de menor qualidade. Pode ser encontrado, ainda em utilização, em vinícolas da Rússia, Ucrânia, Alemanha e de Portugal, para produção de frisantes de baixo custo.

As instalações para processamento contínuo compõem-se de uma seqüência de cinco tanques com pressão interna de 5 atmosferas.

O primeiro tanque recebe, através de sistema de bombeamento, o vinho-base e o licor de tiragem. Tem início a segunda fermentação, em que a geração do gás carbônico vai aumentando significativamente a pressão interna e ocasionando a gradativa morte das leveduras. Por esse motivo, mantém-se uma alimentação contínua do preparado de fermentos a fim de garantir que a fermentação siga ocorrendo.

O vinho continua em movimento e passa pelos dois tanques seguintes, que estão parcialmente preenchidos com cavacos de madeira, oferecendo uma grande área superficial para acumular a borra dos fermentos mortos possibilitando, assim, a reação de trocas do vinho com os sedimentos (autólise). É um arremedo do descanso sobre as borras nas garrafas e autoclaves.

No quarto e quinto tanques, não há borra acumulada e o vinho alcança um estado de relativa limpidez, depois de cerca de três ou quatro semanas de processamento.

Para conhecer um vinho elaborado por este tipo de método, provar o frisante meio-doce, Lancers, fabricado em Portugal pela J. M. da Fonseca, comercializado em garrafas de barro.

Método charmat

Também conhecido como método do grande vaso, tanque fechado,* cuve close *(França),* tank *ou* bulk method *(EUA),* granvas *(Espanha) e* autoclave *(Itália). Trata-se de processamento industrializado, que elimina qualquer intervenção artesanal, iniciando-se pela mistura de vinho-base e licor de tiragem num tanque pressurizado.

Após a fermentação, a pressão interna alcança rapidamente a casa das 5 atmosferas e a temperatura é abaixada para cinco graus negativos. Em seguida, o espumante é clarificado, recebe o licor de expedição e é engarrafado. Pode ser charmat curto ou longo, permitindo maior ou menor descanso do espumante em contato com a borra de leveduras mortas.

Na Alemanha são fabricados espumantes comuns, de baixo preço, usando vinhos-base de muitas origens, até de fora do país, pelo método charmat, comercializados sob a denominação Sekt. Uma pequena parcela, elaborada com vinhos alemães de qualidade da casta Riesling, processada pelo método tradicional, recebe a denominação de Deutscher Sekt, e constitui bons espumantes.

Na Itália, grande produtora de espumantes, entre os vinhos elaborados pelo método charmat, destaca-se o Lambrusco, que parte do mosto e chega ao espumante através de uma só fermentação. A Lambrusco é uma variedade vinífera da parte central da Itália, principalmente na região da Emilia – Parma, Modena e Reggia Emilia. As diferentes DOC – Denominazione de Origine Controllata, Lambrusco Sorbara, Lambrusco Grasparossa di Castelvetro, Lambrusco Reggiano e Lambrusco Salamino di Santa Croce, produzem este vinho pelo método charmat. Alguns exemplares razoáveis podem ser apreciados como o Lambrusco Grasparossa di Castelvetro (Pederzana), Lambrusco Grasparossa di Castelvetro Amabile (Pederzana), Lambrusco Rosso Amabile (Valdorella), etc.

No Brasil temos espumantes muito interessantes e de alta qualidade, pelo método charmat longo, como o Reserva Ouro Salton, o Lambrusco produzido pela Panizzon, Aurora Espumante Brut e outros. A Prosecco é outra variedade vinífera italiana que oferece o momentoso espumante Prosecco, pelo método charmat longo. No Brasil, várias vinícolas produzem o espumante Prosecco de muito boa qualidade, entre elas a Salton e a Piagentini.

Método asti

O produto deste método é conhecido como* asti spumante*, nome de propriedade do sindicato da região de Asti. Não obstante, pode ser encontrado em muitas partes do mundo, inclusive no

Brasil, sob a denominação formal de moscatel espumante.

Este método parte do mosto de uva da família dos Moscatos que é conservado em tanque refrigerado para ocorrer a decantação dos sólidos sem que tenha início a fermentação. O mosto limpo é colocado em um vaso fechado (Charmat) para a fermentação alcoólica que gera o gás carbônico do espumante.

O Asti Spumante leve, moderadamente doce, tem graduação alcoólica entre 7 e 9,5° GL e uma pressão de efervescência de 3,5 a 5 atmosferas. Este processo apresenta os méritos de permitir que a uva Moscato tenha seu paladar e aroma característicos conservados e transmitidos claramente ao espumante.

Na Itália, entre muitos outros Asti Spumante temos os produzidos por Luigi Bosca & Figli, Cinzano, Giuseppe Contratto, Martini & Rossi, Tosti, etc. No Brasil podem ser apreciados excelentes Moscatel Espumantes como o Miolo Terranova (Nordeste), Garziera (Nordeste), Terrasul, Casa Valduga, Aurora, Marco Luigi, Dom Cândido, Marson, Salton, Perini, Piagentini, Velha Cantina, Casa Pedrucci, Molon, Cavalere, etc.

Método ancestral

Também conhecido como méthode rurale, *é um processo que tem semelhanças com a forma originalmente utilizada para obter os primeiros espumantes.*

Atualmente é muito pouco usado. O engarrafamento se dá antes do encerramento da fermentação alcoólica, de sorte que a ação das leveduras continua dentro da garrafa atacando o açúcar restante, produzindo álcool e gás carbônico. Resulta em vinhos frisantes ou levemente espumantes, adocicados e com presença de depósito residual de borras. A pressão é baixa e a efervescência (*perlage*) menos potente e pouco persistente.

Na França, várias regiões de tradição vinícola antiga produzem frisantes a partir deste método. Na cidade de Die, às margens do rio Drôme, afluente do Rhône, é elaborado o frisante Clairette de Die. Outro distrito no sudoeste francês, Gaillac, onde o método é conhecido com *méthode gaillacoise*, produz um frisante meio-doce. Na pequena cidade de Limoux, nos sopés dos Pirineus, há séculos se produzia o frisante Blanquette de Limoux, que era comercializado no Brasil. Atualmente este espumante é produzido pelo método tradicional.

As garrafas são especiais

Normalmente os vinhos espumantes são engarrafados em garrafas verde-escuro, de bojo gordo, ombros caídos, paredes grossas e uma pronunciada reentrância côncava no fundo que serve de reforço, assim como se presta como ponto de apoio do polegar para o serviço nas taças.

O formato e o tamanho das garrafas estão padronizados e empregados na maioria dos países produtores de espumantes, sendo 750 ml o volume padrão de comercialização. Esta capacidade básica das garrafas foi conseqüência primeiramente do poder de sopro dos primeiros artesãos. Diz-se igualmente que a universalização deste volume tem a ver com o fato de corresponder a um consumo diário de uma pessoa ou uma quantidade que duas pessoas consomem bebendo juntas.

Suposições à parte, as garrafas de espumantes precisam obrigatoriamente respeitar algumas características bem específicas. Em primeiro lugar devem ser fabricadas para suportar altas pressões, ou seja, aproximadamente 35 atmosferas, seis a sete vezes a pressão normal dos espumantes dentro da garrafa. Isso leva o peso da garrafa para até 930 g. As paredes internas devem ser rigorosamente polidas para evitar problemas na produção e o contorno interno do gargalo deve ser perfeitamente cilíndrico para facilitar o arrolhamento e permitir a retirada posterior. As garrafas para espumantes devem ter resistência estrutural para empilhamento de até 40 unidades e para a grande força vertical do momento da colocação da rolha. Como o fundo das garrafas é sempre o ponto de menor resistência, a norma prevê executar uma reentrância com profundidade mínima de 3 cm.

Na região da Champagne os produtores praticam o engarrafamento dos espumantes em garrafas de tamanhos fora do padrão, para serviço em ocasiões especiais. Esta prática tem sido influenciada por fatores como o serviço a bordo de aeronaves, doses para comemorações de casais, quebra no casco de navios para batismo, banho de espumante no pódio da Fórmula 1 e outras situações. A lista de tamanhos compreende:

Sexto de garrafa: 125 ml
Quarto de garrafa: 187 ml
Individual: 200 ml
Meia garrafa: 375 ml
Garrafa: 750 ou 800 ml
Magnum: 2 garrafas = 1,5 ou 1,6 l
Marie-Jeanne: 3 garrafas = 2,25 l
Dupla Magnum = Jeroboam: 4 garrafas = 3 l
Rehoboam = Roboan: 6 garrafas = 4,5 ou 5 l
Methuselah = Matusalém: 8 garrafas = 6 l
Salmanazar: 12 garrafas = 9 l
Balthazar = Baltazar: 16 garrafas = 12 l
Nebuchadnezzar = Nabucodonosor: 20 garrafas = 15 l
Melchior: 24 garrafas = 18 litros

As rolhas protegem o vinho

Atualmente, estão em uso prático para os espumantes os tamanhos de garrafa 125 ml, 200 ml, 375 ml, 750 ml, 1,5 l, 3 l, 4,5 l, 6 l e 9 l. Os tamanhos maiores são produzidos apenas para oportunidades muito especiais. A estatística mostra a ocorrência de quebra de 2 a 3% das garrafas durante a produção, o que representa um alto risco para a ampliação do engarrafamento em grandes volumes.

O fechamento da garrafa de espumante requer condições especiais por causa das pressões internas, que podem chegar até 6 atmosferas (via de regra, 5 atmosferas, que equivalem a 73,5 libras, ao redor de 4 vezes a pressão de pneu de um carro pequeno!).

As rolhas utilizadas para o fechamento de garrafas de espumante têm forma inicial cilíndrica, com aproximadamente 31 mm de diâmetro e comprimento de 48 a 54 mm. Embora as rolhas possam ser fabricadas de cortiça natural inteiriça, existe uma tendência de fabricá-las com cortiça aglomerada associada a dois ou três discos de cortiça natural inteiriços aplicados na extremidade que vai ficar em contato com o vinho. Mesmo sendo a maior parte do corpo de cortiça aglomerada, esta tem que apresentar boa elasticidade para facilitar a aplicação e a vedação da garrafa.

A rolha de qualidade para espumantes deve penetrar uniformemente no gargalo, assegurar a estabilidade do vinho ao longo do tempo, manter ótimo aspecto visual na abertura e não exigir um esforço demasiado na ocasião da abertura. Uma boa rolha para espumante impõe uma dificuldade maior de abertura nos três primeiros meses após o engarrafamento, depois disso a tendência é a perda lenta e gradual da elasticidade, tornando-se mais fácil retirá-la. Com muito tempo de guarda, existe o risco de perda de gás e da pressão pela folga na rolha, resultando na morte do espumante. A rolha de boa qualidade, após ser retirada, mostra a cabeça grande e o corpo, que estava no gargalo da garrafa, cônico, abrindo da cabeça para a extremidade.

Se for necessário estocar garrafas de espumante por longo tempo em geladeiras poderá ocorrer deterioração mais rápida da rolha. É recomendável estocar espumantes por tempo mais longo em adegas climatizadas ou nas pequenas caves de apartamento.

Na verdade, o vinho espumante, ao sair da vinícola para as lojas, está pronto para ser consumido imediatamente, dispensando guarda para amadurecimento ou envelhecimento, que poderíamos chamar de amadurecimento.

Os espumantes elaborados de uvas brancas como Chardonnay, Riesling ou Chenin Blanc, têm uma capacidade limitada de manter as qualidades em longa guarda. Por outro lado, aqueles produzidos com uva tinta como o Pinot Noir, Meunier, Malbec ou Cabernet Franc, mantêm suas qualidades e fineza por períodos mais longos.

Muitas pessoas preferem estocar seus espumantes em refrigeradores comuns, cuja temperatura é baixa, perto de 5°C ou menos, caso em que se pode ter surpresas não-agradáveis, como a debilitação do vinho e a perda de boa parte das suas qualidades originais.

A boa vedação das garrafas de espumantes é garantida pela elasticidade da cortiça e pela aderência da rolha nas paredes do gargalo da garrafa. Uma gaiola reforçada de arame prende a rolha e anula os efeitos de expulsão da rolha pela pressão interna.

A abertura do espumante é uma festa

O espumante é um vinho que traz dissolvido em seu corpo uma quantidade de gás naturalmente formado, cujo aspecto e intensidade dependem da qualidade do processo de elaboração. Para se apreciar a bebida em todos os aspectos interessantes, é fundamental que se cuide de abrir corretamente a garrafa.

1. depois de resfriar a garrafa durante aproximadamente 45 minutos no balde de gelo, deve-se retirá-la e colocá-la sobre superfície firme;
2. normalmente, existe uma fita escura que tem uma pequena parte aparente para segurar com a ponta dos dedos que deve ser puxada em volta do pescoço da

garrafa, ao longo de uma faixa formada por duas linhas paralelas de perfurados. Daí é só retirar a cápsula e liberar uma pequena haste de arame torcido com um anel na ponta, que faz parte da gaiola que detém a rolha;

3. puxar a pequena haste para fora e, segurando na pequena argola, girar no sentido anti-horário até afrouxar o anel da gaiola, retirando-a juntamente com um disco metálico que está no topo da rolha. Para evitar surpresas, executar esta operação com a garrafa apoiada em superfície firme, empunhando com a mão livre o pescoço da garrafa e mantendo o polegar segurando firmemente a rolha, assim evitando surpresas (projeção da rolha);
4. segurar firmemente com uma das mãos a garrafa pelo pescoço, com a outra apanhar a cabeça da rolha, com força tal a evitar que a rolha salte do gargalo, e passe a girar lentamente a garrafa, procurando sentir quando a pressão interna tende a expulsar a rolha. Girar e soltar devagar a rolha, que deve sair lentamente para evitar o estouro e a conseqüente perda de gás.

Assim procedendo, ter-se-á um espumante com maior quantidade de gás dissolvido em seu seio líquido e o *perlage* se manterá por mais tempo.

Existe um dispositivo para auxiliar a abertura de espumantes, que é um saca-rolhas metálico na forma de uma meia-cana, com um rasgo na parte reta de uma das pontas. A ponta se encaixa na rolha cabeçuda e, com todo cuidado para evitar uma abertura explosiva, segura-se pela outra ponta, onde se aplica força para cima. Pode ser comprado na boutique da Moët Chandon em Epernay, na Champagne!

Não permitindo a perda da espuma na abertura, esta vai se apresentar na taça, com mais força, elegância e persistência.

O serviço correto dos espumantes

Servir espumante exige cuidados especiais para que não se perca seu atributo mais importante: a espuma. As taças em forma de flauta, muito bem lavadas, não podem conter qualquer resíduo de detergente, tecido ou papel.

Para servir um espumante, é necessário tomar alguns cuidados especiais a fim de não ter no cálice um vinho inexpressivo. Em primeiro lugar, é preciso comprar o vinho com boa antecedência para que ele descanse em sua casa alguns dias antes de ser servido. Armazenado na cave ou na geladeira, esse repouso vai contribuir para a revelação de qualidades.

Outro aspecto é a temperatura, que é fundamental para a apreciação dos espumantes. Com variações decorrentes do tipo e estilo do vinho espumante, na média, a temperatura de consumo deve estar próxima aos 8°C. Nos casos de espumante *demi-sec* ou dos moscatéis adocicados, a temperatura de consumo pode ser de 6°C. Por outro lado, os espumantes mais velhos, mais vinosos, bem como o *millésime*, revelam-se mais plenamente nas temperaturas mais altas, entre 10°C e 12°C. Uma boa maneira de se abaixar a temperatura é usar balde de gelo.

Nas temperaturas muito baixas, todos os defeitos e qualidades do vinho ficam camuflados, o que praticamente iguala a maioria deles. No outro extremo, as temperaturas muito altas deformam o gosto das bolhas, que ficam com um sabor metálico, tornando o espumante desagradável. O que se recomenda é deixar o espumante na geladeira, de um dia para o outro, garantindo uma temperatura de 5°C que, após servir, vai evoluir para ser tomado nos 8°C. Outra forma é deixar a garrafa em um balde de gelo com água por aproximadamente 45 minutos. Não deixar a garrafa no congelador, pois vai ser difícil retirar a rolha.

Os cálices mais apropriados para apreciar os espumantes têm a forma chamada *flûte*, uma tulipa mais alongada. Outro cálice pouco comum tem uma forma cilíndrica, sem haste. Já foi muito comum o serviço de espumante em taças de bojo raso e largo, formato histórico porém totalmente equivocado porque não permite o prolongamento da formação de bolhas. Diz a lenda que esta forma foi obtida na Grécia, copiando os delicados seios de Helena de Tróia.

De qualquer forma, a taça tulipa deve ser bem lavada, estar seca e isenta de resíduos de qualquer natureza. Não é prática recomendável esfriá-la no congelador, como se faz com copo para cerveja. Não deve ter sido utilizada, antes daquele momento, com outro vinho.

Para servir no cálice, obedecer à técnica de dois estágios: serve-se um fundo de aproximadamente um centímetro para esfriar a taça e, após alguns segundos, completa-se a dose preenchendo dois terços do volume. Quando se coloca a dose de uma só vez corre-se o risco de uma formação forte de espuma, que acaba se derramando.

Os espumantes podem ser servidos como abertura de recepções, acompanhando canapés variados, caso em que se recomenda um Extra-brut ou Brut. Para acompanhar a refeição, o espumante deve ser elaborado com maior participação das uvas tintas (Pinot Noir, Pinot Meunier, Cabernet Franc ou Malbec), com maior harmonia por conta dos Extra-brut ou Brut. Para acompanhar sobremesas nada como um Demi-sec, Sec ou Moscatel.

3. Roteiro facilitador da degustação do espumante

O rótulo: dados gerais de um vinho espumante

Na região francesa da Champagne, os espumantes chamam-se *champagne* (use sempre no masculino: o *champagne*). Nas demais regiões produtoras fora da Champagne os espumantes recebem as denominações legalmente corretas de *crémant*, *blanquette* e *mousseux* (França), *Sekt*, *Schaumwein* (Alemanha), *cava* (Espanha), *spumante* (Itália), *sparkling wine* (Estados Unidos), espumante (Brasil, Portugal), etc.

O rótulo de um vinho tem a função importante de, como descritor honesto, esclarecer o consumidor, além de ser um enfeite chamativo e colorido da garrafa. Mas podem ocorrer rótulos enganosos, desses que vêm com muita arte e pouca honestidade de informação. Como regras disciplinadoras, existem leis que obrigam o fabricante a registrar aí informações que identifiquem criteriosamente as qualidades básicas do vinho. Adicionalmente, o produtor pode acrescentar outros dados relevantes, o que torna importante a leitura atenta dos rótulos da garrafa do espumante que vai ser consumido. A leitura do rótulo, contra-rótulo, rótulos complementares e etiquetas amplia a capacidade de conhecimentos gerais e incrementa a capacidade de reconhecer predicados e diferenciais, auxiliando na memorização de nomes e especificações relacionadas com o vinho.

O importante é não se deixar enganar por artes gráficas muito elaboradas e apologias exageradas. O rótulo não é a imagem definitiva do espumante e a aprovação das qualidades anotadas nesses adereços de papel somente será ditada pela degustação, que qualifica ou desqualifica o vinho. Com as informações contidas nos rótulos somadas às de outras fontes, pode-se traçar o perfil genérico do espumante que, anotado em fichas, constituirá o arquivo de degustação para consultas futuras:

Nome do vinho – Destacado no rótulo, o nome fantasia pode coincidir com a denominação da variedade de uva, como o Goethe Spumanti, ou pode ser a denominação do fabricante, como Família Piagentini, ou uma denominação especial como Petite Liquorelle.

Tipo – Caracterização da cor: branco, tinto ou rosado.

- ***Blanc de blancs*** – espumante branco feito exclusivamente de Chardonnay, via de regra, apresentando fineza e delicadeza. Deve ser servido com pratos delicados.
- ***Blanc de noirs*** – espumante branco, levemente rosado, feito exclusivamente de Pinot Noir.

Nível – Definição relacionada com a pressão interna da garrafa, responsável pela maior ou menor quantidade de espuma (*perlage*) ao servir o espumante no cálice: espumante, frisante, frisantino ou vinho verde.

Classe – Denominação que indica o conteúdo de açúcar: *brut nature, extra-brut, brut, extra-sec, sec, demi-sec* e *doux*.

- ***Cuvée de prestige*** – melhor espumante de um produtor, elaborado a partir de uvas de vinhedos especiais, *grand crus*, e envelhecido sobre as borras por muitos anos, comercializado em garrafas especiais.
- ***Non dosage***; *Brut-zero*; *Brut-savage*; *ultra-brut* – espumante especial, leve e seco, sem adição de licor de expedição.

Estilo – Indicação relacionada com a safra do espumante. Como, via de regra, eles são elaborados com vinhos-base de várias safras (*cuvée sans année*), não sendo indicado o ano, sabe-se que se trata de um espumante não safrado; nos anos excepcionais ou em condições de destaque, a casa produtora pode optar pelo *millésime*. Neste caso, o ano é indicado.

- ***Vintage*** – *cuvée millésime* – vinho-base de safra de um mesmo ano, tido como excepcional, gerando um espumante de qualidade, para o qual o ano da vindima faz parte das indicações do rótulo.

Método – Especificação da metodologia de elaboração, ou seja, champenoise, charmat, asti, etc.

Álcool – Graduação alcoólica indicada obrigatoriamente no rótulo.

Volume – Capacidade da garrafa de acordo com o tamanho: 375 ml, 750 ml e assim por diante.

Preço – Valor pago ou preço de venda nas lojas.

Uvas – Indicação da casta ou variedade da qual se obteve o espumante como, por exemplo, Moscatel, Villenave ou Goethe. No caso dos espumantes que, via de regra, são elaborados com duas ou mais variedades de uva, esta informação pode constar do contra-rótulo. Nos *champagnes*, esta informação normalmente é omitida e considerada como segredo da casa.

Ponto de venda – Loja, importadora, *free shop*, empresa de representação, restaurante ou *telemarketing* da vinícola.

Produtor – Vinícola ou negociante.

Região – Origem do espumante, como exemplos, Champagne, Catalunha, Serra Gaúcha, etc.

País – País de origem.

Outros detalhes – Dependendo do produtor, os diversos rótulos da garrafa podem trazer detalhes da região produtora, dos vinhedos, da vinícola, do processamento, enólogo responsável, premiações internacionais, etc.

Hierarquização das casas da Champagne – letras que aparecem no contorno inferior do rótulo dos *champagnes*:

CM – Coopérative de Manipulation – espumante elaborado em uma cooperativa.
MA – Marque d'Acheteur – marca própria de firma que compra e comercializa.
ND – Négociant Distribuiteur – empresa que compra, negocia e distribui.
NM – Négociant-Manipulant – empresa ligada ao Instituto de Grandes Marcas da Champagne ou ao Instituto de Negociantes de Vinhos da Champagne.
R – Récoltant – produtor de uva que as entrega a uma cooperativa e recebe com retorno garrafas de espumante para comercialização.
RC – Récoltant Cooperateur – produtor cooperado que elabora espumante.
RM – Récoltant-Manipulant – produtor de uva, vinificador e comercializador de espumante, com ou sem ajuda de uma cooperativa.
SR – Société des Récoltants – união de produtores de uva.

Sobre a degustação avaliadora

Na degustação de um espumante são quatro os elementos de avaliação: visão, olfato, paladar e retrogosto. Olhar, aspirar, saborear, deleitar-se: esses são os passos para se chegar ao prazer que um vinho pode proporcionar. Uma diferença, somente possível para os vinhos espumantes, é a de ouvir o vinho levando-se a taça até o ouvido – quanto mais efervescência, mais forte – um som que lembra a quebração das ondas nas praias. Numa abstração da idéia do prazer, pode-se expressar essa seqüência igualmente como prever, antecipar, fruir e extasiar-se. Dedicar-se à degustação de um bom vinho abre portas sensoriais gratificantes, cheias de íntima satisfação.

Nem todos os aspectos serão avaliados na faixa de notas de 0 a 10. Certas características acabam sendo menos significativas, ficando avaliadas apenas de 0 a 5. Como se pode verificar na Ficha de Degustação, as percepções olfativas, como a intensidade e a persistência do vinho espumante, são menos reveladoras do que a qualidade e a complexidade dos aromas. Por isso, as primeiras recebem nota de 0 a 5, as duas últimas de 0 a 10. Fichas de diferentes autorias podem mostrar pequenas diferenças entre si, sem que os números finais de avaliação se tornem incomparáveis.

Impressões visuais

A classificação do vinho espumante a partir da avaliação visual leva em conta aspectos do corpo, da efervescência e da espuma formada na superfície.

Aspectos do corpo

Cor O espumante branco pode apresentar desde uma tênue coloração, o verdeal, que é um amarelo-pálido com reflexos esverdeados, ou um amarelo-palha, digamos uma cor champanhe, ou um amarelo-claro e, finalmente, um amarelo levemente dourado. Esta variação depende da variedade de uva empregada, do método de elaboração, do tipo, do estilo ou do envelhecimento.

Para os espumantes tintos, menos correntes no mercado, a cor deve ser brilhante e a tonalidade entre rubi e cor-de-cereja. Por sua vez, os espumantes rosados, que contam com a preferência dos consumidores, mostram um rosa-violáceo, um rosa puxado a cereja ou um rosa-pastel, sempre com brilho.

O maior problema da cor dos espumantes, com reflexos negativos na pontuação, origina-se da oxidação, tornando-os de amarelo-dourado para avermelhado ou tendendo para o marrom.

Quando se considera a pontuação no detalhe da cor, os espumantes vão passar com nota máxima por este critério, a menos que sejam observados indícios de oxidação grave. Neste caso o aspecto corpo pode beirar a nota 0.

Limpidez Os espumantes têm como característica fundamental da qualidade um corpo com transparência cristalina e, vistos contra uma luz adequada, uma grande luminosidade. Neste aspecto, vale a escala de estado de qualidade para o de degradação: cristalino, límpido, velado e turvo. Caso haja turvação, defeito grave, é sinal que o espumante pode trazer excessos de sais e de proteínas.

Estrutura Girando-se o cálice em pequenos círculos, observa-se o tipo de movimento – rápido como água, pesado como o do azeite (oleoso) ou excessivamente lento como o de um óleo grosso (pastoso). Em seguida, inclinando-se a taça para a frente, retornando-a à posição vertical, após alguns segundos, observa-se que na área molhada pelo espumante, aparece um pequeno cordão líquido que vai subindo e, finalmente, libera lágrimas parede abaixo.

O movimento aquoso revela espumante de baixa estrutura, que não vai preencher a boca com sensações mais fortes, o oleoso mostra que o vinho tem muito extrato, muitos álcoois e aromáticos, conjunto que dará sensação aveludada na boca. Quanto ao movimento lento como o de um xarope, revela espumante doente. As lágrimas também têm relação com o corpo mais rico ou mais pobre e com o toque macio no contato com as papilas da nossa mucosa.

Notas (de 0 a 10)

Na atribuição de nota para o aspecto corpo, somente como orientação inicial, consideram-se as lágrimas, o movimento do espumante no cálice, a cor e a limpidez. Se as observações mostraram um espumante encorpado, sem problemas de aspecto, nota máxima (9,10); para um vinho de corpo médio, fluido e sem problemas de aspecto, notas conservadoras (5 a 8); vinho doente ou oxidado, nota mínima (0).

Aspectos do *perlage* (efervescência ou processo de liberação de bolhas)

O ponto crucial da avaliação dos espumantes acontece no momento em que eles são servidos na taça. Todo espumante deve gerar imediatamente a liberação de bolhas a partir das paredes do fundo do cálice que, em correntes ascendentes, atingem a superfície, espraiando-se na forma de uma grossa camada de espuma. Não importa se o vinho é branco, rosado ou tinto: deve-se observar atentamente a efervescência.

Tamanho das bolhas A delicadeza das bolhas depende, entre outras razões, do tempo mais longo da segunda fermentação e da temperatura mais baixa em que esta se processa. Quanto mais longo o tempo e menor a temperatura, ocorre uma microdispersão do gás carbônico na forma de minúsculas bolhas no seio do vinho, assim o refinamento das bolhas acontece através do tamanho: quanto menores, mais fino o espumante. Outro ponto que pode diferenciar a fineza das bolhas é o método de elaboração – o champanhês gera bolhas muito mais finas que os demais. Dentre as uvas, a Chardonnay resulta em abundância de bolhas finas. Deve-se tomar cuidado para não se precipitar na avaliação porque, logo no início, o *perlage* normalmente é mais potente e as bolhas maiores.

Quantidade das bolhas A qualidade do espumante está diretamente relacionada com a quantidade de bolhas – quanto mais compactas e numerosas, melhor o nível da qualidade.

Persistência do *perlage* A persistência do *perlage* é traduzida pelo tempo em que o processo de geração de bolhas continua ocorrendo. Quanto mais duradouro o *perlage*, maior é a qualidade do espumante.

Notas (de 0 a 10)

Na avaliação da efervescência, como regra geral, temos que considerar como parâmetro máximo a geração de um grande número de bolhas, especialmente as minúsculas, durante um tempo prolongado em que se mantém o espumante no cálice, referência que merece nota 10. No caso oposto, poucas bolhas e/ou bolhas grandes, com pouco tempo de permanência, nota próxima de 0.

Aspecto da espuma

Como explicado sobre o processo do *perlage*, as correntes ascendentes de bolhas mais grossas alcançam a superfície e formam uma alta camada de espuma, que toma todo o disco ou a lente superficial. Como bolhas grandes, vão se fundindo e explodindo, resultando na formação de uma área de espuma mais baixa que tende a se abrir no centro do disco e ir se acumulando nas bordas, na forma de um colar. Nota-se que o tamanho das bolhas ascendentes vai diminuindo até, se for um bom espumante, se tornarem minúsculas e contínuas, garantindo a permanência do colar por muitos segundos.

Qualidade A espuma de espumantes de boa qualidade deve apresentar cor branca e consistência cremosa. O branco, com reflexos acinzentados ou que lembre plástico, não é uma boa indicação. Uma boa qualidade de espuma tem bolhas em grande quantidade e de tamanho pequeno.

Quantidade A espuma tende a formar, inicialmente, uma camada cobrindo todo o disco superficial do vinho para, em seguida, ir se encolhendo até ficar como uma coroa larga para, finalmente, se ajustar rente às paredes no formato de um cordão. Na observação deste processo, durante segundos iniciais, é possível ver a espuma cobrindo em intensidade variada a superfície do vinho:

- a espuma cobre toda a superfície – Ao contrário do que possa representar, essa camada que atinge até acima de 5 mm de espessura, caracteriza-se por conter bolhas mais grosseiras, bem maiores do que deveriam ser, revelando que o método de elaboração não é o champanhês.

- a espuma cobre meio disco superficial (cordão largo) – O cordão resultante estabelece o contorno do disco superficial, terminando junto às paredes do cálice, na forma de um chanfro com altura de até 4 mm, onde se destacam as bolhas, de médias a minúsculas, e a sensação de textura cremosa.
- a espuma cobre um quarto do disco superficial (cordão estreito) – O disco da superfície livre do vinho se expande e comprime o cordão que, embora elegante, fica mais estreito e mais próximo das paredes do cálice, onde termina em um pequeno chanfro com altura de até 3 mm.
- a espuma forma somente colar junto às paredes (cordão fino) – O disco superficial livre domina em quase toda a área da superfície do vinho e a espuma se resume a um pequeno colar. A avaliação do espumante deste caso varia de regular, quando o colar é contínuo a fraco, se descontínuo.
- a espuma não suficiente para formar cordão (cordão inexistente) – O vinho não libera correntes contínuas de bolhas ascendentes, por isso deixa de formar mesmo que seja um ínfimo colar. Como espumante, tem qualidade medíocre.

Notas (de 0 a 10)

Na avaliação da espuma, um dos pontos altos do espumante, deve-se observar a característica do processo de liberação de bolhas, desde os momentos iniciais até a formação do cordão, acompanhando a persistência do *perlage* que deve dar a sustentação do colar. As bolhas minúsculas, a permanência do colar por tempo alongado e o aspecto cremoso da espuma são as bases para dar uma nota 10.

Os aromas dos espumantes

Os espumantes podem ser elaborados principalmente a partir de dois tipos de uvas: as aromáticas (Moscatos, Torrontês, Malvasia, Brachetto, etc.) ou as não-aromáticas (Pinot Noir, Meunier, Malbec, Cabernet Franc, Chardonnay, Chenin, Riesling Itálico, etc.). Esta possibilidade determina um importante divisor na avaliação olfativa.

Os espumantes de castas aromáticas vão oferecer um ataque intenso ao nosso sistema olfativo, característico de cada casta, como no caso do espumante de Moscatel que se revela através de fragrâncias que lembram uvas-passas e açúcar mascavo.

Os espumantes de uvas não-aromáticas, obtidos através de um método de elaboração mais sofisticado, empregando uvas nobres, apresentam aromas mais elegantes, complexos e suaves. Na juventude trazem flores e frutas frescas; após evolução, lembram tostados, manteiga, mel, especiarias e pão quente.

Na avaliação olfativa procurar elementos de qualidade em quatro aspectos: qualidade, complexidade, intensidade e persistência.

Qualidade

Este fator se revela através da sensação de agradabilidade dos aromas, ou seja, se o conjunto de aromas atendeu às expectativas. Sempre tendo em conta que a potência aromática dos espumantes é menor que a dos vinhos tranqüilos, identificar se o aroma ou o conjunto de aromas é agradável.

Notas (de 0 a 10)

Sendo um aroma indefinido que não atende a nossa procura pelos perfumes do espumante, nota mínima. Ao contrário, um aroma individual ou composto que prontamente agrada ao olfato merece nota máxima.

Complexidade

Trata-se do conjunto de aromas claros, delicados e evidentes, que identifica a existência do buquê em um espumante.

Notas (de 0 a 10)

Sendo inexistente ou simples (aroma unidirecional), recebe notas mais baixas. Aos espumantes de aromas misturados, indefinidos e difusos, porém presentes, as notas podem subir um pouco. Para os espumantes com complexidade aromática, revelando diversos aromas claros e delicados, harmoniosamente presentes, as notas serão as maiores.

Intensidade

Esta característica define a potência com que os aromas do espumante atacam o sistema olfativo. Sem contar com os espumantes de uvas aromáticas, normalmente estes vinhos não apresentam grande intensidade aromática, que é compensada pela complexidade e fineza do buquê. Alguns espumantes de pouca intensidade de aromas exigem um farejar repetido para se identificar algo.

Notas (de 0 a 5)

No caso de dificuldade de se identificar aromas, nota mínima; ao contrário, quando a intensidade permite ir identificando os vários aromas em seqüência, a nota deve ser máxima.

Persistência

Este fator diz respeito ao tempo em que os aromas permanecem atuantes sobre o seu sistema olfativo.

Notas (de 0 a 5)

Alguns espumantes de grande persistência aromática, com um simples farejar no cálice, liberam aromas que permanecem por longos minutos. Estes merecem notas máximas. Outros, ao contrário, por serem fugidios, não marcam nosso olfato por mais de dois a três segundos. Neste caso, notas mínimas.

Os sabores dos espumantes

Com o espumante na boca, vamos ter o ataque tátil das bolhas estourando sobre a língua, da acidez refrescante do gás, da maciez da sua composição e o efeito dos aromas em retro-olfação. Este conjunto deve ser avaliado segundo os fatores: qualidade, intensidade e equilíbrio.

Qualidade na boca

A qualidade do espumante pode ser avaliada através da associação das sensações trazidas pela agradabilidade do picar das bolhas sobre a língua, pela acidez refrescante do gás carbônico, pelo prazer tátil do aveludado da espuma cremosa e pelo conjunto dos sabores e aromas que dão o contorno gustativo do espumante na boca.

Qualidade do gás carbônico

O prazer do contato do gás carbônico sobre a mucosa da boca pronuncia-se, inicialmente, como algo que cresce de volume dentro da boca, entre a língua e o céu da boca que, em seguida, cede lugar a uma refrescante ação oferecida pela acidez e uma sensação tátil de picar a mucosa, quando as bolhas estouram.

A sensação de o vinho crescer sobre a língua é devida à liberação de novas bolhas de gás e de expansão das bolhas existentes, quando age a temperatura da boca. O crescimento discreto ou a não expansão do espumante revela presença insuficiente de bolhas, detalhe que vai reduzir a nota do fator qualidade.

A acidez refrescante resulta do rompimento das bolhas que libera o gás carbônico que age sobre a mucosa bucal. O gás carbônico também é conhecido como ácido carbônico. Mesmo sendo um ácido discreto, contribui para a sinergia dos diversos ácidos e elementos de acidez presentes. No conjunto da qualidade a acidez deve ser viva, presente e elegante.

Por sua vez, a sensação tátil de espetar a língua, que os portugueses chamam de pição, é uma comichão agradável da explosão das bolhas. A qualidade do espumante determinará se este espetar será delicado, agradável e persistente. No caso contrário, esta sensação poderá ser grosseira, desagradável e com o gosto deformado.

Qualidade do vinho

A qualidade do vinho na boca depende da clareza dos sabores que devem ser típicos, francos e diretos. Obviamente estamos falando em sabor que resulta do conjunto das sensações bucais e da retro-olfação. Como cenário dos sabores, um corpo mais ou menos denso, estrutura alcoólica mais ou menos vigorosa.

Num espumante varietal de Chardonnay, seu corpo poderá ser de fino para médio, com elegante toque de boca, lembrando couro e manteiga. Passando para um espumante de Pinot Noir, a tendência é de se ter um corpo mais incisivo e estruturado, com toques florais e frutados na boca.

Um defeito de gosto que pode apresentar um espumante é resultante de alterações microbianas, ou seja, pela ação de fermentos estranhos que formam substâncias de sabor e aroma desagradáveis, à base de enxofre.

Outro problema que acontece com os espumantes é a sensibilidade de absorção do gosto de rolha que, em alguns casos, vem da liberação de componentes da própria cortiça sadia. Os mais desagradáveis são os gostos de rolha decorrentes da contaminação por fungos, leveduras estranhas e bactérias. Outro risco é o da ocorrência do *bouchonné*, aroma e gosto lembrando mofo, papelão, pano de chão molhado e similares, decorrente da formação de microrganismos pelo uso de cloro na preparação da cortiça.

Finalmente, o defeito conhecido como gosto de luz, resultante da degradação do espumante pela ação da forte incidência de luz. Os componentes de enxofre sofrem oxidação e proporcionam ao espumante um gosto desagradável de alho, às vezes, lembrando esgoto.

Notas (de 0 a 10)

A qualidade de boca dos espumantes é avaliada de acordo com a agradabilidade: crescimento agradável sobre a língua e o picar das papilas, sensação de frescor na boca e sabores agradáveis, motivos para nota máxima; pouca presença física na boca, aromas evanescentes e sabores deformados (metálico, por exemplo), nota mínima.

Intensidade

A intensidade do espumante na boca está relacionada com sua estrutura, força do *perlage*, fineza aromática e sensação final de frescor.

Notas (de 0 a 5)

Para quantificar a nota da intensidade na boca, considerar: o ataque agradável e possante, com qualidades de aroma e sabor, nota máxima; no caso oposto, um espumante de ataque discreto e fugidio, nota mínima.

Equilíbrio

O espumante deve ter, como característica fundamental, uma acidez saliente, elegante e agradável. Esta acidez resulta do somatório da acidez do vinho-base e da acidez do gás carbônico. Neste caso, o equilíbrio reside numa contraposição de álcool e de açúcares que, embora não neutralizem a necessária acidez, dão contorno ao corpo do espumante.

Notas (de 0 a 10)

Na avaliação do equilíbrio de um espumante, deve-se considerar uma escala de situações:

áspero – com excessiva acidez, não deixando espaço para aquela ponta de álcool ou maciez de algum açúcar residual. Nota 0;

acídulo – com acidez predominante sem contudo ser grosseiro. Nota 6-8;

fresco/equilibrado – com acidez elegante e viva, que permite sentir a potência alcoólica e a maciez do açúcar residual. Nota 8-10;

insatisfatório – com a maciez predominando sobre a acidez. Nota 2-5;

chato – sem nenhuma acidez, desequilibrado em açúcar. Nota 0.

Final-de-boca dos espumantes

Quando se toma um gole de espumante, deve prevalecer um frescor na boca, uma sensação de boca limpa. Depois, instintivamente, ocorre a expiração que vai sensibilizar o olfato, enquanto ocorre um gosto na garganta. Dentro deste cenário considerar dois fatores de análise: a aprovação e a persistência.

Aprovação

Sorvendo um gordo gole, reter um pouco o espumante sobre a língua, fazendo-o passear pela boca, prestando atenção nas distintas sensações provocadas. Depois, engolindo, observar que gosto fica na garganta e o que volta como retrogosto e retro-olfato.

Notas (de 0 a 10)

Um espumante aprovado no final-de-boca teve presença marcante na boca, cresceu sobre a língua, confirmou aromas e deixou um gosto agradável e duradouro na garganta. Nota 10. Um espumante pouco presente na boca, de acidez acanhada ou de final-de-boca amargo deve receber um 0.

Persistência

As sensações agradáveis, após engolir o espumante, podem ser duradouras ou fugidias, e de longa ou curta persistência.

Notas (de 0 a 5)

As notas, de 0 a 5, deverão ser calibradas de acordo com o tempo de permanência das sensações agradáveis do final-de-boca. Se elas não ocorrerem, nota 0; se ficarem menos do que 4 segundos, nota 1: menos do que 6, nota 2, menos do que 10, nota 3; acima de 10, notas 4 e 5.

4. Criando a sua própria cultura

Para desenvolver sua memória gustativa foi preparado um modelo de ficha para anotação de suas impressões, que deverá ser preenchido a cada experiência sua com vinho. No final das 100 fichas, que estão em branco para você se autodesenvolver, você terá lido questões conceituais, comparado com fichas preenchidas e seguido um roteiro, aumentando constantemente a sua capacidade de avaliação.

Avaliação quantitativa

A cada atributo avaliado dá-se uma nota de acordo com os conceitos descritos no bloco anterior. Escolhida a nota, fazer um "x" no quadro correspondente e registrá-la na casa da última coluna da direita. Ao terminar a avaliação dos 12 atributos, somar as notas registradas na última coluna da direita, que resultará na sua avaliação numérica para o vinho. Note-se que a soma das notas máximas possíveis gera um valor 100. Via de regra, as avaliações conferem notas totais inferiores a 100. Sua nota, seja 86 ou 90, pode ser comparada com as notas do Robert Parker, Wine Spectator, Vinho Magazine e outros avaliadores oficiais, com a grande diferença de você saber exatamente por que conferiu uma nota maior ou menor!

Tabela de valoração do vinho degustado

Como base comparativa, a classificação numérica de pontos pode ser traduzida na qualidade do vinho através da tabela à página 44.

Avaliação qualitativa

À medida que for avaliando os atributos visuais, olfativos, gustativos e de final-de-boca, anote detalhes que justifiquem cada nota parcial dada, além de registrar comentários pessoais, como por exemplo:

- Para uma nota baixa para o *perlage*, digamos 1, você pode explicar que as bolhas eram poucas e de grande diâmetro.
- Para uma nota alta para persistência de final-de-boca, por exemplo 5, você poderia justificar anotando um elegante retrogosto lembrando amêndoas, mel e couro, com bom ataque e longa persistência.

Finalmente, para deixar gravado em seu arquivo de degustação, anote o local e a data da experiência.

Exemplos de preenchimento das fichas

Para orientação ou auxílio no trabalho de preenchimento (inspiração), apresentamos doze exemplos de fichas de degustação de espumantes reais do mercado.

Tabela orientativa

menos de 60 pontos – vinho fraco

60 a 74 – vinho corrente

75 a 79 – vinho bom

80 a 84 – vinho muito bom

85 a 89 – vinho ótimo

90 a 94 – vinho excelente

acima de 95 – vinho excepcional

FICHA DE DEGUSTAÇÃO DE ESPUMANTES

Vinho *Aurora Espumante Brut*	**Tipo** *Branco*	**Nível** *Frisante*	
Classe *Brut*	**Estilo** *Não safrado*	**Método** *Charmat*	*12°* **GL**
750 **ml**	**US$** *13,00*		
Uvas *Chardonnay Varietal*	**Loja** *54-455-2000*		
Produtor *Coop. Vinícola Aurora Ltda.*	**Região** *Serra Gaúcha – RS*	**País** *Brasil*	

	Avaliação	0	1	2	3	4	5	6	7	8	9	10	NOTA
VISÃO	Corpo										X		9
	Perlage										X		9
	Espuma										X		9
OLFATO	Qualidade											X	10
	Complexidade											X	10
	Intensidade					X							4
	Persistência					X							4
PALADAR	Qualidade									X			8
	Intensidade						X						5
	Equilíbrio										X		9
FINAL	Aprovação									X			8
	Persistência						X						5
										NOTA FINAL			**90**

COMENTÁRIOS

Visão *Cor amarelo-forte com reflexos dourados, límpido e brilhante, perlage farto, persistente, bolhas finas.*

Olfato *Aroma intenso, notas de frutas maduras, compota de frutas e baunilha, fundo lembrando manteiga agradável, complexo e persistente.*

Paladar *Marcante, acidez correta e equilibrada com álcool nítido; seco com maciez e toque sedoso, evolução remetendo a sabores amadeirados e notas lácteas.*

Final *Muito agradável, macio e persistente.*

Comentário *Bom exemplar de um charmat longo; pode acompanhar refeição desde a entrada à sobremesa.*

Local *São Paulo – SP* | **Data** *5/7/2005*

FICHA DE DEGUSTAÇÃO DE ESPUMANTES

Vinho *Casa del Nonno Goethe Spumante*		**Tipo** *Branco*	**Nível** *Frisante*
Classe *Demi-sec (doce)*	**Estilo** *2004*	**Método** *Asti*	*11º* **GL**
750 **ml**	**US$** *6,00*		
Uvas *Varietal Goethe*			**Loja** *48-465-1693*
Produtor *Vinícola Urussanga*		**Região** *Urussanga – SC*	**País** *Brasil*

	Avaliação	0	1	2	3	4	5	6	7	8	9	10	NOTA
VISÃO	Corpo										X		9
	Perlage									X			8
	Espuma								X				7
OLFATO	Qualidade										X		9
	Complexidade										X		9
	Intensidade					X							4
	Persistência					X							4
PALADAR	Qualidade									X			8
	Intensidade						X						5
	Equilíbrio									X			8
FINAL	Aprovação									X			8
	Persistência						X						5
											NOTA FINAL		84

COMENTÁRIOS

Visão *Amarelo-palha (champanhe), límpido e cristalino, perlage de bolhas médias para finas, média persistência.*

Olfato *Frutas maduras, passas, ameixa seca; notas de doce-de-leite.*

Paladar *Frutado, agradável e persistente.*

Final *Toque aveludado, ervas aromáticas, álcool equilibrado mas potente, retroboca persistentemente boa.*

Comentário *Espumante adequado para canapés, pizzas, massas, sobremesas ou refrescante acompanhamento para conversas descontraídas, beira de piscina e praia.*

Local *São Paulo – SP* | **Data** *5/7/2005*

FICHA DE DEGUSTAÇÃO DE ESPUMANTES

Vinho *Espumante Blush Estações*	**Tipo** *Rosé*	**Nível** *Espumante*

Classe *Brut*	**Estilo** *2004*	**Método** *Champ.*	*12,5º* **GL**	*750* **ml**	**US$** *12,00*

Uvas *Chardonnay + Pinot Noir*	**Loja** *54-453-3122*

Produtor *Casa Valduga*	**Região** *Vale dos Vinhedos – RS*	**País** *Brasil*

	Avaliação	0	1	2	3	4	5	6	7	8	9	10	NOTA
VISÃO	Corpo										X		9
	Perlage										X		9
	Espuma									X			8
OLFATO	Qualidade										X		9
	Complexidade											X	10
	Intensidade					X							4
	Persistência					X							4
PALADAR	Qualidade										X		9
	Intensidade					X							4
	Equilíbrio										X		9
FINAL	Aprovação										X		9
	Persistência						X						5
										NOTA FINAL			89

COMENTÁRIOS

Visão *Rosado claro, lembrando cereja, cor intensa comparável a um clarete, cristalino e brilhante, perlage fina e forte, de longa permanência. Espuma branca cremosa.*

Olfato *Aroma destacado de frutas vermelhas, framboesas, amoras e groselha, notas de caramelo e doce-de-leite. Aromas persistentes.*

Paladar *Austero, com notas de frutados e confeitos caramelizados.*

Final *Agradável frutado, boca refrescada e retro lembrando doce-de-leite.*

Comentário *Pede serviço a temperaturas mais baixas, ao redor de 5° C; acompanha bem moluscos, linguado, torta, camarão, carnes leves, saladas, sobremesas como salada de fruta ou sorvetes.*

Local *São Paulo – SP* | **Data** *5/7/2005*

FICHA DE DEGUSTAÇÃO DE ESPUMANTES

Vinho *Espumante Brut* | **Tipo** *Branco* | **Nível** *Espumante*

Classe *Brut* | **Estilo** *não safrado* | **Método** *Champ.* | *12º* **GL** | *750* **ml** | **US$** *15,00*

Uvas *Chardonnay + Pinot Noir* | **Loja** *11-5042-3890*

Produtor *Vinhos Marson* | **Região** *Serra Gaúcha-RS* | **País** *Brasil*

	Avaliação	0	1	2	3	4	5	6	7	8	9	10	NOTA
VISÃO	Corpo											X	10
	Perlage										X		9
	Espuma											X	10
OLFATO	Qualidade										X		9
	Complexidade											X	10
	Intensidade					X							4
	Persistência					X							4
PALADAR	Qualidade										X		9
	Intensidade					X							4
	Equilíbrio										X		9
FINAL	Aprovação										X		9
	Persistência						X						5
										NOTA FINAL			92

COMENTÁRIOS

Visão *Cor amarelo-palha com reflexos dourados, límpido e brilhante, perlage de grande intensidade, bolhas minúsculas; espuma cremosa e persistente.*

Olfato *Aroma fino, notas de frutas como melão e abacaxi, flor jasmim, mel, baunilha e menta; fundo de leveduras e panificação.*

Paladar *Boca de personalidade, estruturado e com peso, rico com complexidade; toque aveludado, frutas brancas e especiarias ganham riqueza na boca.*

Final *Frescor agradável, acidez correta e espuma de grande qualidade – elegantemente agradável.*

Comentário *Espumante de personalidade e fineza excepcionais.*

Local *São Paulo – SP* | **Data** *5/7/2005*

FICHA DE DEGUSTAÇÃO DE ESPUMANTES

Vinho *Espumante Brut*		**Tipo** *Branco*	**Nível** *Espumante*
Classe *Brut*	**Estilo** *não safrado*	**Método** *Champ.*	*12º* **GL**
750 **ml**	**US$**		
Uvas *Chardonnay + Pinot Noir*		**Loja** *11-5561-1320*	
Produtor *Vinícola Miolo Ltda.*		**Região** *Vale dos Vinhedos – RS*	**País** *Brasil*

	Avaliação	0	1	2	3	4	5	6	7	8	9	10	NOTA
VISÃO	Corpo											X	10
	Perlage										X		9
	Espuma										X		9
OLFATO	Qualidade										X		9
	Complexidade										X		9
	Intensidade					X							4
	Persistência					X							4
PALADAR	Qualidade										X		9
	Intensidade						X						5
	Equilíbrio										X		9
FINAL	Aprovação										X		9
	Persistência						X						5
											NOTA FINAL		91

COMENTÁRIOS	
Visão *Amarelo-palha, reflexos esverdeados, corpo límpido e brilhante; perlage fino e persistente; cordão de espuma branca e cremosa.*	
Olfato *Aroma frutado, toques cítricos de lima, frutas brancas como pêra e maçã, nuanças de pão tostado, manteiga e couro.*	
Paladar *Boca envolvente com frutas como abacaxi, maçã verde e pêra, toques de pão quente e manteiga; contato aveludado com bom preenchimento da boca; acidez equilibrada.*	
Final *Toque levemente cítrico, traços de morango e pêssego; persistente; agradável sensação de boca limpa e fresca.*	
Comentário *Espumante fino, delicado e com boa harmonização com canapés variados, frutos do mar, carnes brancas.*	
Local *São Paulo – SP*	**Data** *1º/7/2005*

FICHA DE DEGUSTAÇÃO DE ESPUMANTES

Vinho *Espumante Cave Geisse Brut*			**Tipo** *Branco*	**Nível** *Espumante*	
Classe *Brut*	**Estilo** *não safrado*	**Método** *Champ.*	*12,5º* **GL**	*750* **ml**	**US$** *14,00*
Uvas *Chardonnay + Pinot Noir*				**Loja** *54-50-4288*	
Produtor *Vinícola Cave de Amadeu Ltda.*		**Região** *Pinto Bandeira – RS*		**País** *Brasil*	

	Avaliação	0	1	2	3	4	5	6	7	8	9	10	NOTA
VISÃO	Corpo											X	10
	Perlage										X		9
	Espuma										X		9
OLFATO	Qualidade										X		9
	Complexidade											X	10
	Intensidade					X							4
	Persistência					X							4
PALADAR	Qualidade											X	10
	Intensidade					X							4
	Equilíbrio										X		9
FINAL	Aprovação										X		9
	Persistência					X							4
										NOTA FINAL			91

COMENTÁRIOS

Visão *Cor amarelo-claro, límpido e brilhante, perlage de qualidade, com bolhinhas e em grande quantidade, e longas.*

Olfato *Aroma delicado com frutas maduras, mel e baunilha, de boa persistência.*

Paladar *Boca fresca e de grande elegância, textura aveludada e com presença marcante na boca, frutas maduras, maçã e guaraná.*

Final *Sensação refrescante, acidez e álcool na exata medida, espuma cremosa e persistente.*

Comentário *Espumante fino e delicado, acompanha bem desde a entrada ao prato principal.*

Local *São Paulo – SP*

Data *5/7/2005*

FICHA DE DEGUSTAÇÃO DE ESPUMANTES

Vinho *Espumante Gran Reserva Excellence*		**Tipo** *Branco*		**Nível** *Espumante*	
Classe Extra-*Brut*	**Estilo** *1999*	**Método** *Champ.*	*12,5°* **GL**	*750* **ml**	**US$** *14,00*
Uvas *Chardonnay + Pinot Noir*			**Loja** *54-453-3122*		
Produtor *Casa Valduga*		**Região** *Vale dos Vinhedos – RS*		**País** *Brasil*	

	Avaliação	0	1	2	3	4	5	6	7	8	9	10	NOTA
VISÃO	Corpo											X	10
	Perlage										X		9
	Espuma										X		9
OLFATO	Qualidade										X		9
	Complexidade											X	10
	Intensidade					X							4
	Persistência					X							4
PALADAR	Qualidade										X		9
	Intensidade					X							4
	Equilíbrio										X		9
FINAL	Aprovação										X		9
	Persistência						X						5
											NOTA FINAL		**91**

COMENTÁRIOS

Visão *Amarelo-palha, reflexos dourados, corpo cristalino e brilhante, perlage abundante de bolhas finíssimas, longa persistência; espuma cremosa formando cordão largo.*

Olfato *Aroma complexo e delicado lembrando especiarias, amêndoas, canela e baunilha; notas de frutas maduras e flores secas; toques de fermento e pão quente.*

Paladar *Agradável sensação de boca fresca; perfumada com toques de frutas e especiarias, retrogosto agradável e persistente.*

Final *Espumante fino, complexo, bom acompanhamento para nozes e avelãs, peixes, frutos do mar, carnes brancas.*

Comentário *Espumante fino e delicado, acompanha bem desde a entrada ao prato principal.*

Local *São Paulo – SP* | **Data** *1º/7/2005*

FICHA DE DEGUSTAÇÃO DE ESPUMANTES

Vinho *Espumante Moscatel Pietro Felice*			**Tipo** *Branco*		**Nível** *Espumante*	
Classe *Doce*	**Estilo** *2004*	**Método** *Asti*		*7,5°* **GL**	*750* **ml**	**US$** *9,00*
Uvas *Moscato*				**Loja** *54-291-1284*		
Produtor *Irmãos Molon Ltda.*		**Região** *São Marcos – RS*			**País** *Brasil*	

	Avaliação	0	1	2	3	4	5	6	7	8	9	10	NOTA
VISÃO	Corpo										X		9
	Perlage										X		9
	Espuma										X		9
OLFATO	Qualidade									X			8
	Complexidade									X			8
	Intensidade						X						5
	Persistência					X							4
PALADAR	Qualidade										X		9
	Intensidade					X							4
	Equilíbrio									X			8
FINAL	Aprovação										X		9
	Persistência					X							4
										NOTA FINAL			86

COMENTÁRIOS

Visão *Amarelo-claro, reflexos verdes, cristalino e brilhante; perlage fino e persistente; cordão largo.*

Olfato *Aromas florais (jasmim), cítricos (limão e casca de laranja), sutil toque de mel; longa persistência.*

Paladar *Agradável e refrescante; ataque de boca aveludado com sensação cremosa; equilíbrio doçura-acidez; persistente sabor de passas e bolo de frutas.*

Final *Sensação de boca agradável e refrescante, uvas-passas, figo rami; persistência longa.*

Comentário *Ideal para canapés, sobremesas ou para acompanhar reuniões informais.*

Local *São Paulo – SP* | **Data** *5/7/2005*

FICHA DE DEGUSTAÇÃO DE ESPUMANTES

Vinho *Família Piagentini Prosecco Brut* | **Tipo** *Branco* | **Nível** *Espumante*

Classe *Brut* | **Estilo** *2005* | **Método** *Charmat* | *11,5°* **GL** | *750* **ml** | **US$** *9,00*

Uvas *Prosecco* | **Loja** *11-3873-0623*

Produtor *Cia. Piagentini* | **Região** *Serra Gaúcha – RS* | **País** *Brasil*

	Avaliação	0	1	2	3	4	5	6	7	8	9	10	NOTA
VISÃO	Corpo										X		9
	Perlage										X		9
	Espuma									X			8
OLFATO	Qualidade									X			8
	Complexidade										X		9
	Intensidade					X							4
	Persistência					X							4
PALADAR	Qualidade										X		9
	Intensidade					X							4
	Equilíbrio										X		9
FINAL	Aprovação										X		9
	Persistência						X						5
											NOTA FINAL		87

COMENTÁRIOS

Visão *Amarelo-pálido levemente verdeal, límpido e brilhante; perlage fina de boa persistência, oferecendo delicados cordões ascendentes.*

Olfato *Aroma delicado, fresco, frutas brancas como pêra, melão e pêssego; notas de maçã vermelha madura; leve traço cítrico.*

Paladar *Boca fresca e agradável, equilíbrio da acidez como a doçura, sem perda da acidez saliente, álcool discreto, seco, sabor de frutas com notas cítricas de lima-da-pérsia.*

Final *Frutado, fresco, retrogosto típico daquele leve amargor da lima-da-pérsia.*

Comentário *Ideal para happy hours, eventos, acompanhando canapés variados e frutos do mar.*

Local *São Paulo – SP* | **Data** *5/7/2005*

FICHA DE DEGUSTAÇÃO DE ESPUMANTES

Vinho *Le Chasseur*	**Tipo** *Branco*	**Nível** *Espumante*	
Classe *Demi-sec*	**Estilo** *não safrado*	**Método** *Charmat*	*7,8º* **GL**
750 **ml**	**US$** *9,00*		
Uvas *Villenave*	**Loja** *49-3563-1188*		
Produtor *GBM Agroflorestal Ltda.*	**Região** *ÁguaDoce-Caçador – SC*	**País** *Brasil*	

	Avaliação	0	1	2	3	4	5	6	7	8	9	10	NOTA
VISÃO	Corpo										X		9
	Perlage									X			8
	Espuma										X		9
OLFATO	Qualidade										X		9
	Complexidade									X			8
	Intensidade					X							4
	Persistência					X							4
PALADAR	Qualidade									X			8
	Intensidade					X							4
	Equilíbrio									X			8
FINAL	Aprovação										X		9
	Persistência						X						5
										NOTA FINAL			85

COMENTÁRIOS

Visão *Amarelo-claro com reflexos esverdeados, perlage fino e persistente, corpo médio, límpido e brilhante.*

Olfato *Aromas francos finos de boa intensidade, lembrando flores silvestres, passas e notas de pão torrado.*

Paladar *Toque macio na boca, equilibrando açúcar, acidez e álcool, gás carbônico agradável, boca floral com leve toque de uvas-passas.*

Final *Agradável maciez, retrogosto a jambo e rosas, persistente.*

Comentário *Bom acompanhamento para canapés e sobremesas.*

Local *São Paulo – SP* | **Data** *5/7/2005*

FICHA DE DEGUSTAÇÃO DE ESPUMANTES

Vinho *Petite Liquorelle*	**Tipo** *Branco*	**Nível** *Frisante*

Classe *Doux*	**Estilo** *Sans Année*	**Método** *Champ.*	*12º* **GL**	*20* **ml**	**US$** *25,00*

Uvas *Chardonnay - Petit Noir (Extratos vegetais)*	**Loja** *Moët Chandon*

Produtor *Moët Chandon*	**Região** *Champagne*	**País** *França*

	Avaliação	0	1	2	3	4	5	6	7	8	9	10	NOTA
VISÃO	Corpo										X		9
	Perlage									X			8
	Espuma									X			8
OLFATO	Qualidade										X		9
	Complexidade										X		9
	Intensidade						X						5
	Persistência						X						5
PALADAR	Qualidade										X		9
	Intensidade						X						5
	Equilíbrio										X		9
FINAL	Aprovação										X		9
	Persistência						X						5
											NOTA FINAL		90

COMENTÁRIOS

Visão *Amarelo-palha, límpido, perlage com bolhas pequenas e delicadas, quantidade e persistências médias, espuma cremosa formando tênue colar.*

Olfato *Ervas armáticas delicadas, fina qualidade, intensidade forte e persistente.*

Paladar *Leve picar das bolhas sobre a língua, ataque aveludado, toque cremoso, sabor vegetal agradável e persistente.*

Final *Toque aveludado, ervas aromáticas, álcool equilibrado mas potente, retro-boca persistentemente boa.*

Comentário *Licor muito agradável, chave de ouro para uma fina refeição.*

Local *São Paulo – SP* **Data** *21/3/2005*

FICHA DE DEGUSTAÇÃO DE ESPUMANTES

Vinho *Salton Reserva Ouro*	**Tipo** *Branco*	**Nível** *Espumante*	
Classe *Brut*	**Estilo** *não safrado*	**Método** *Charmat*	*11,5º* **GL**
750 **ml**	**US$** *11,00*		
Uvas *Chardonnay + Riesling Itálico*	**Loja** *11-6959-3144*		
Produtor *Vinhos Salton*	**Região** *Tuiuty-Serra Gaúcha – RS*	**País** *Brasil*	

	Avaliação	0	1	2	3	4	5	6	7	8	9	10	NOTA
VISÃO	Corpo										X		9
	Perlage										X		9
	Espuma									X			8
OLFATO	Qualidade										X		9
	Complexidade										X		9
	Intensidade					X							4
	Persistência					X							4
PALADAR	Qualidade										X		9
	Intensidade						X						5
	Equilíbrio										X		9
FINAL	Aprovação										X		9
	Persistência						X						5
											NOTA FINAL		89

COMENTÁRIOS

Visão *Amarelo claro, cor champagne, corpo brilhante e límpido, perlage abundante de bolhas pequenas, formando belos rosários ascendentes.*

Olfato *Aroma frutados,toques cítricos de lima, frutas brancas como pêra e maçã, nuanças de pão tostado, manteiga e couro.*

Paladar *Boca envolvente com frutas como abacaxi, maçã verde e pêra, toques de pão quente e manteiga; contato aveludado com bom preenchimento da boca; acidez equilibrada.*

Final *Toque levemente cítrico, traços de morango e pêssego; persistente; agradável sensação de boca limpa e fresca.*

Comentário *Espumante fino, delicado e com boa harmonização com canapés variados, frutos do mar, carnes brancas.*

Local *São Paulo – SP*

Data *1º/7/2005*

5. Fichas para seu autodesenvolvimento

Agora é com você!

100 fichas para você preencher
em seus exercícios de degustação

FICHA DE DEGUSTAÇÃO DE ESPUMANTES

Vinho	Tipo	Nível

Classe	Estilo	Método	º GL	ml	US$

Uvas	Loja

Produtor	Região	País

	Avaliação	0	1	2	3	4	5	6	7	8	9	10	NOTA
VISÃO	Corpo												
	Perlage												
	Espuma												
OLFATO	Qualidade												
	Complexidade												
	Intensidade												
	Persistência												
PALADAR	Qualidade												
	Intensidade												
	Equilíbrio												
FINAL	Aprovação												
	Persistência												
										NOTA FINAL			

COMENTÁRIOS	
	Visão
	Olfato
	Paladar
	Final
	Comentário
	Local / Data

FICHA DE DEGUSTAÇÃO DE ESPUMANTES

Vinho			Tipo		Nível	
Classe	Estilo	Método	º GL	ml	US$	
Uvas				Loja		
Produtor		Região		País		

	Avaliação	0	1	2	3	4	5	6	7	8	9	10	NOTA
VISÃO	Corpo												
	Perlage												
	Espuma												
OLFATO	Qualidade												
	Complexidade												
	Intensidade												
	Persistência												
PALADAR	Qualidade												
	Intensidade												
	Equilíbrio												
FINAL	Aprovação												
	Persistência												
										NOTA FINAL			

COMENTÁRIOS		
	Visão	
	Olfato	
	Paladar	
	Final	
	Comentário	
	Local	Data

FICHA DE DEGUSTAÇÃO DE ESPUMANTES

Vinho		Tipo		Nível	
Classe	Estilo	Método	º GL	ml	US$
Uvas			Loja		
Produtor		Região		País	

	Avaliação	0	1	2	3	4	5	6	7	8	9	10	NOTA
VISÃO	Corpo												
	Perlage												
	Espuma												
OLFATO	Qualidade												
	Complexidade												
	Intensidade												
	Persistência												
PALADAR	Qualidade												
	Intensidade												
	Equilíbrio												
FINAL	Aprovação												
	Persistência												
										NOTA FINAL			

COMENTÁRIOS		
	Visão	
	Olfato	
	Paladar	
	Final	
	Comentário	
	Local	Data

FICHA DE DEGUSTAÇÃO DE ESPUMANTES

Vinho			Tipo		Nível	
Classe	Estilo	Método		º GL	ml	US$
Uvas				Loja		
Produtor		Região			País	

	Avaliação	0	1	2	3	4	5	6	7	8	9	10	NOTA
VISÃO	Corpo												
	Perlage												
	Espuma												
OLFATO	Qualidade												
	Complexidade												
	Intensidade												
	Persistência												
PALADAR	Qualidade												
	Intensidade												
	Equilíbrio												
FINAL	Aprovação												
	Persistência												
										NOTA FINAL			

COMENTÁRIOS		
	Visão	
	Olfato	
	Paladar	
	Final	
	Comentário	
	Local	Data

FICHA DE DEGUSTAÇÃO DE ESPUMANTES

Vinho			Tipo	Nível	
Classe	Estilo	Método	º GL	ml	US$
Uvas				Loja	
Produtor		Região		País	

	Avaliação	0	1	2	3	4	5	6	7	8	9	10	NOTA
VISÃO	Corpo												
	Perlage												
	Espuma												
OLFATO	Qualidade												
	Complexidade												
	Intensidade												
	Persistência												
PALADAR	Qualidade												
	Intensidade												
	Equilíbrio												
FINAL	Aprovação												
	Persistência												
										NOTA FINAL			

COMENTÁRIOS		
	Visão	
	Olfato	
	Paladar	
	Final	
	Comentário	
	Local	Data

FICHA DE DEGUSTAÇÃO DE ESPUMANTES

<table>
<tr><td colspan="6">Vinho</td><td colspan="4">Tipo</td><td colspan="4">Nível</td></tr>
<tr><td colspan="2">Classe</td><td colspan="3">Estilo</td><td colspan="3">Método</td><td colspan="2">º GL</td><td colspan="2">ml</td><td colspan="2">US$</td></tr>
<tr><td colspan="9">Uvas</td><td colspan="5">Loja</td></tr>
<tr><td colspan="5">Produtor</td><td colspan="5">Região</td><td colspan="4">País</td></tr>
<tr><td colspan="2">Avaliação</td><td>0</td><td>1</td><td>2</td><td>3</td><td>4</td><td>5</td><td>6</td><td>7</td><td>8</td><td>9</td><td>10</td><td>NOTA</td></tr>
<tr><td rowspan="3">VISÃO</td><td>Corpo</td><td></td><td></td><td></td><td></td><td></td><td></td><td></td><td></td><td></td><td></td><td></td><td></td></tr>
<tr><td>Perlage</td><td></td><td></td><td></td><td></td><td></td><td></td><td></td><td></td><td></td><td></td><td></td><td></td></tr>
<tr><td>Espuma</td><td></td><td></td><td></td><td></td><td></td><td></td><td></td><td></td><td></td><td></td><td></td><td></td></tr>
<tr><td rowspan="4">OLFATO</td><td>Qualidade</td><td></td><td></td><td></td><td></td><td></td><td></td><td></td><td></td><td></td><td></td><td></td><td></td></tr>
<tr><td>Complexidade</td><td></td><td></td><td></td><td></td><td></td><td></td><td></td><td></td><td></td><td></td><td></td><td></td></tr>
<tr><td>Intensidade</td><td></td><td></td><td></td><td></td><td></td><td></td><td></td><td></td><td></td><td></td><td></td><td></td></tr>
<tr><td>Persistência</td><td></td><td></td><td></td><td></td><td></td><td></td><td></td><td></td><td></td><td></td><td></td><td></td></tr>
<tr><td rowspan="3">PALADAR</td><td>Qualidade</td><td></td><td></td><td></td><td></td><td></td><td></td><td></td><td></td><td></td><td></td><td></td><td></td></tr>
<tr><td>Intensidade</td><td></td><td></td><td></td><td></td><td></td><td></td><td></td><td></td><td></td><td></td><td></td><td></td></tr>
<tr><td>Equilíbrio</td><td></td><td></td><td></td><td></td><td></td><td></td><td></td><td></td><td></td><td></td><td></td><td></td></tr>
<tr><td rowspan="2">FINAL</td><td>Aprovação</td><td></td><td></td><td></td><td></td><td></td><td></td><td></td><td></td><td></td><td></td><td></td><td></td></tr>
<tr><td>Persistência</td><td></td><td></td><td></td><td></td><td></td><td></td><td></td><td></td><td></td><td></td><td></td><td></td></tr>
<tr><td colspan="10"></td><td colspan="3">NOTA FINAL</td><td></td></tr>
</table>

<table>
<tr><td rowspan="6">COMENTÁRIOS</td><td colspan="2">Visão</td></tr>
<tr><td colspan="2">Olfato</td></tr>
<tr><td colspan="2">Paladar</td></tr>
<tr><td colspan="2">Final</td></tr>
<tr><td colspan="2">Comentário</td></tr>
<tr><td>Local</td><td>Data</td></tr>
</table>

FICHA DE DEGUSTAÇÃO DE ESPUMANTES

Vinho			Tipo		Nível	
Classe	Estilo	Método	º GL		ml	US$
Uvas				Loja		
Produtor		Região			País	

	Avaliação	0	1	2	3	4	5	6	7	8	9	10	NOTA
VISÃO	Corpo												
	Perlage												
	Espuma												
OLFATO	Qualidade												
	Complexidade												
	Intensidade												
	Persistência												
PALADAR	Qualidade												
	Intensidade												
	Equilíbrio												
FINAL	Aprovação												
	Persistência												
										NOTA FINAL			

COMENTÁRIOS		
	Visão	
	Olfato	
	Paladar	
	Final	
	Comentário	
	Local	Data

FICHA DE DEGUSTAÇÃO DE ESPUMANTES

Vinho						Tipo			Nível			
Classe		Estilo		Método			º GL		ml		US$	
Uvas								Loja				
Produtor				Região					País			
	Avaliação	0	1	2	3	4	5	6	7	8	9	10	NOTA
VISÃO	Corpo												
	Perlage												
	Espuma												
OLFATO	Qualidade												
	Complexidade												
	Intensidade												
	Persistência												
PALADAR	Qualidade												
	Intensidade												
	Equilíbrio												
FINAL	Aprovação												
	Persistência												
										NOTA FINAL			

COMENTÁRIOS	
	Visão
	Olfato
	Paladar
	Final
	Comentário
	Local / Data

FICHA DE DEGUSTAÇÃO DE ESPUMANTES

Vinho					Tipo			Nível			
Classe	Estilo		Método			º GL		ml		US$	
Uvas							Loja				
Produtor			Região					País			

	Avaliação	0	1	2	3	4	5	6	7	8	9	10	NOTA
VISÃO	Corpo												
	Perlage												
	Espuma												
OLFATO	Qualidade												
	Complexidade												
	Intensidade												
	Persistência												
PALADAR	Qualidade												
	Intensidade												
	Equilíbrio												
FINAL	Aprovação												
	Persistência												
										NOTA FINAL			

COMENTÁRIOS		
	Visão	
	Olfato	
	Paladar	
	Final	
	Comentário	
	Local	Data

FICHA DE DEGUSTAÇÃO DE ESPUMANTES

Vinho			Tipo		Nível	
Classe	Estilo	Método	º GL	ml	US$	
Uvas				Loja		
Produtor		Região		País		

	Avaliação	0	1	2	3	4	5	6	7	8	9	10	NOTA
VISÃO	Corpo												
	Perlage												
	Espuma												
OLFATO	Qualidade												
	Complexidade												
	Intensidade												
	Persistência												
PALADAR	Qualidade												
	Intensidade												
	Equilíbrio												
FINAL	Aprovação												
	Persistência												
										NOTA FINAL			

COMENTÁRIOS		
	Visão	
	Olfato	
	Paladar	
	Final	
	Comentário	
	Local	Data

FICHA DE DEGUSTAÇÃO DE ESPUMANTES

Vinho		Tipo	Nível	
Classe	Estilo	Método	º GL	ml	US$
Uvas			Loja		
Produtor		Região	País		

	Avaliação	0	1	2	3	4	5	6	7	8	9	10	NOTA
VISÃO	Corpo												
	Perlage												
	Espuma												
OLFATO	Qualidade												
	Complexidade												
	Intensidade												
	Persistência												
PALADAR	Qualidade												
	Intensidade												
	Equilíbrio												
FINAL	Aprovação												
	Persistência												
										NOTA FINAL			

COMENTÁRIOS		
	Visão	
	Olfato	
	Paladar	
	Final	
	Comentário	
	Local	Data

FICHA DE DEGUSTAÇÃO DE ESPUMANTES

Vinho			Tipo		Nível	
Classe	Estilo	Método	º GL		ml	US$
Uvas				Loja		
Produtor		Região			País	

	Avaliação	0	1	2	3	4	5	6	7	8	9	10	NOTA
VISÃO	Corpo												
	Perlage												
	Espuma												
OLFATO	Qualidade												
	Complexidade												
	Intensidade												
	Persistência												
PALADAR	Qualidade												
	Intensidade												
	Equilíbrio												
FINAL	Aprovação												
	Persistência												
										NOTA FINAL			

COMENTÁRIOS		
	Visão	
	Olfato	
	Paladar	
	Final	
	Comentário	
	Local	Data

FICHA DE DEGUSTAÇÃO DE ESPUMANTES

Vinho			Tipo		Nível	
Classe	Estilo	Método	º GL	ml	US$	
Uvas				Loja		
Produtor		Região		País		

	Avaliação	0	1	2	3	4	5	6	7	8	9	10	NOTA
VISÃO	Corpo												
	Perlage												
	Espuma												
OLFATO	Qualidade												
	Complexidade												
	Intensidade												
	Persistência												
PALADAR	Qualidade												
	Intensidade												
	Equilíbrio												
FINAL	Aprovação												
	Persistência												
										NOTA FINAL			

COMENTÁRIOS		
	Visão	
	Olfato	
	Paladar	
	Final	
	Comentário	
	Local	Data

FICHA DE DEGUSTAÇÃO DE ESPUMANTES

Vinho			Tipo		Nível	
Classe	**Estilo**	**Método**	**º GL**	**ml**	**US$**	
Uvas				**Loja**		
Produtor		**Região**		**País**		

	Avaliação	0	1	2	3	4	5	6	7	8	9	10	NOTA
VISÃO	Corpo												
	Perlage												
	Espuma												
OLFATO	Qualidade												
	Complexidade												
	Intensidade												
	Persistência												
PALADAR	Qualidade												
	Intensidade												
	Equilíbrio												
FINAL	Aprovação												
	Persistência												

NOTA FINAL	

COMENTÁRIOS		
	Visão	
	Olfato	
	Paladar	
	Final	
	Comentário	
	Local	Data

FICHA DE DEGUSTAÇÃO DE ESPUMANTES

Vinho			Tipo		Nível	
Classe	Estilo	Método	º GL	ml	US$	
Uvas				Loja		
Produtor		Região		País		

	Avaliação	0	1	2	3	4	5	6	7	8	9	10	NOTA
VISÃO	Corpo												
	Perlage												
	Espuma												
OLFATO	Qualidade												
	Complexidade												
	Intensidade												
	Persistência												
PALADAR	Qualidade												
	Intensidade												
	Equilíbrio												
FINAL	Aprovação												
	Persistência												
										NOTA FINAL			

COMENTÁRIOS		
	Visão	
	Olfato	
	Paladar	
	Final	
	Comentário	
	Local	Data

FICHA DE DEGUSTAÇÃO DE ESPUMANTES

Vinho			Tipo		Nível	
Classe	Estilo	Método		º GL	ml	US$
Uvas				Loja		
Produtor		Região			País	

	Avaliação	0	1	2	3	4	5	6	7	8	9	10	NOTA
VISÃO	Corpo												
	Perlage												
	Espuma												
OLFATO	Qualidade												
	Complexidade												
	Intensidade												
	Persistência												
PALADAR	Qualidade												
	Intensidade												
	Equilíbrio												
FINAL	Aprovação												
	Persistência												
										NOTA FINAL			

COMENTÁRIOS		
	Visão	
	Olfato	
	Paladar	
	Final	
	Comentário	
	Local	Data

FICHA DE DEGUSTAÇÃO DE ESPUMANTES

Vinho			Tipo		Nível	
Classe	Estilo	Método		° GL	ml	US$
Uvas				Loja		
Produtor		Região			País	

	Avaliação	0	1	2	3	4	5	6	7	8	9	10	NOTA
VISÃO	Corpo												
	Perlage												
	Espuma												
OLFATO	Qualidade												
	Complexidade												
	Intensidade												
	Persistência												
PALADAR	Qualidade												
	Intensidade												
	Equilíbrio												
FINAL	Aprovação												
	Persistência												
										NOTA FINAL			

COMENTÁRIOS		
	Visão	
	Olfato	
	Paladar	
	Final	
	Comentário	
	Local	Data

FICHA DE DEGUSTAÇÃO DE ESPUMANTES

Vinho			Tipo		Nível	
Classe	Estilo	Método	º GL	ml	US$	
Uvas				Loja		
Produtor		Região		País		

	Avaliação	0	1	2	3	4	5	6	7	8	9	10	NOTA
VISÃO	Corpo												
	Perlage												
	Espuma												
OLFATO	Qualidade												
	Complexidade												
	Intensidade												
	Persistência												
PALADAR	Qualidade												
	Intensidade												
	Equilíbrio												
FINAL	Aprovação												
	Persistência												
										NOTA FINAL			

COMENTÁRIOS		
	Visão	
	Olfato	
	Paladar	
	Final	
	Comentário	
	Local	Data

FICHA DE DEGUSTAÇÃO DE ESPUMANTES

Vinho			Tipo		Nível	
Classe	Estilo	Método	º GL		ml	US$
Uvas				Loja		
Produtor		Região			País	

	Avaliação	0	1	2	3	4	5	6	7	8	9	10	NOTA
VISÃO	Corpo												
	Perlage												
	Espuma												
OLFATO	Qualidade												
	Complexidade												
	Intensidade												
	Persistência												
PALADAR	Qualidade												
	Intensidade												
	Equilíbrio												
FINAL	Aprovação												
	Persistência												
										NOTA FINAL			

COMENTÁRIOS		
	Visão	
	Olfato	
	Paladar	
	Final	
	Comentário	
	Local	Data

FICHA DE DEGUSTAÇÃO DE ESPUMANTES

Vinho		Tipo		Nível	
Classe	Estilo	Método	º GL	ml	US$
Uvas			Loja		
Produtor		Região		País	

	Avaliação	0	1	2	3	4	5	6	7	8	9	10	NOTA
VISÃO	Corpo												
	Perlage												
	Espuma												
OLFATO	Qualidade												
	Complexidade												
	Intensidade												
	Persistência												
PALADAR	Qualidade												
	Intensidade												
	Equilíbrio												
FINAL	Aprovação												
	Persistência												
										NOTA FINAL			

COMENTÁRIOS	
	Visão
	Olfato
	Paladar
	Final
	Comentário
	Local / Data

FICHA DE DEGUSTAÇÃO DE ESPUMANTES

Vinho			Tipo		Nível	
Classe	Estilo	Método		º GL	ml	US$
Uvas				Loja		
Produtor		Região			País	

	Avaliação	0	1	2	3	4	5	6	7	8	9	10	NOTA
VISÃO	Corpo												
	Perlage												
	Espuma												
OLFATO	Qualidade												
	Complexidade												
	Intensidade												
	Persistência												
PALADAR	Qualidade												
	Intensidade												
	Equilíbrio												
FINAL	Aprovação												
	Persistência												
										NOTA FINAL			

COMENTÁRIOS		
	Visão	
	Olfato	
	Paladar	
	Final	
	Comentário	
	Local	Data

FICHA DE DEGUSTAÇÃO DE ESPUMANTES

Vinho		Tipo		Nível	
Classe	Estilo	Método	º GL	ml	US$
Uvas			Loja		
Produtor		Região		País	

	Avaliação	0	1	2	3	4	5	6	7	8	9	10	NOTA
VISÃO	Corpo												
	Perlage												
	Espuma												
OLFATO	Qualidade												
	Complexidade												
	Intensidade												
	Persistência												
PALADAR	Qualidade												
	Intensidade												
	Equilíbrio												
FINAL	Aprovação												
	Persistência												
										NOTA FINAL			

COMENTÁRIOS		
	Visão	
	Olfato	
	Paladar	
	Final	
	Comentário	
	Local	Data

FICHA DE DEGUSTAÇÃO DE ESPUMANTES

Vinho		Tipo		Nível	
Classe	Estilo	Método	°GL	ml	US$
Uvas			Loja		
Produtor		Região		País	

	Avaliação	0	1	2	3	4	5	6	7	8	9	10	NOTA
VISÃO	Corpo												
	Perlage												
	Espuma												
OLFATO	Qualidade												
	Complexidade												
	Intensidade												
	Persistência												
PALADAR	Qualidade												
	Intensidade												
	Equilíbrio												
FINAL	Aprovação												
	Persistência												
										NOTA FINAL			

COMENTÁRIOS		
	Visão	
	Olfato	
	Paladar	
	Final	
	Comentário	
	Local	Data

FICHA DE DEGUSTAÇÃO DE ESPUMANTES

Vinho			Tipo		Nível	
Classe	Estilo	Método	º GL	ml	US$	
Uvas			Loja			
Produtor		Região		País		

	Avaliação	0	1	2	3	4	5	6	7	8	9	10	NOTA
VISÃO	Corpo												
	Perlage												
	Espuma												
OLFATO	Qualidade												
	Complexidade												
	Intensidade												
	Persistência												
PALADAR	Qualidade												
	Intensidade												
	Equilíbrio												
FINAL	Aprovação												
	Persistência												
										NOTA FINAL			

COMENTÁRIOS		
	Visão	
	Olfato	
	Paladar	
	Final	
	Comentário	
	Local	Data

FICHA DE DEGUSTAÇÃO DE ESPUMANTES

Vinho			Tipo	Nível	
Classe	Estilo	Método	º GL	ml	US$
Uvas				Loja	
Produtor		Região		País	

	Avaliação	0	1	2	3	4	5	6	7	8	9	10	NOTA
VISÃO	Corpo												
	Perlage												
	Espuma												
OLFATO	Qualidade												
	Complexidade												
	Intensidade												
	Persistência												
PALADAR	Qualidade												
	Intensidade												
	Equilíbrio												
FINAL	Aprovação												
	Persistência												
										NOTA FINAL			

COMENTÁRIOS		
	Visão	
	Olfato	
	Paladar	
	Final	
	Comentário	
	Local	Data

FICHA DE DEGUSTAÇÃO DE ESPUMANTES

Vinho					Tipo				Nível			
Classe		Estilo			Método			º GL	ml		US$	
Uvas									Loja			
Produtor					Região				País			

	Avaliação	0	1	2	3	4	5	6	7	8	9	10	NOTA
VISÃO	Corpo												
	Perlage												
	Espuma												
OLFATO	Qualidade												
	Complexidade												
	Intensidade												
	Persistência												
PALADAR	Qualidade												
	Intensidade												
	Equilíbrio												
FINAL	Aprovação												
	Persistência												
										NOTA FINAL			

COMENTÁRIOS		
	Visão	
	Olfato	
	Paladar	
	Final	
	Comentário	
	Local	Data

FICHA DE DEGUSTAÇÃO DE ESPUMANTES

Vinho			Tipo		Nível	
Classe	Estilo	Método		º GL	ml	US$
Uvas				Loja		
Produtor		Região			País	

	Avaliação	0	1	2	3	4	5	6	7	8	9	10	NOTA
VISÃO	Corpo												
	Perlage												
	Espuma												
OLFATO	Qualidade												
	Complexidade												
	Intensidade												
	Persistência												
PALADAR	Qualidade												
	Intensidade												
	Equilíbrio												
FINAL	Aprovação												
	Persistência												
										NOTA FINAL			

COMENTÁRIOS		
	Visão	
	Olfato	
	Paladar	
	Final	
	Comentário	
	Local	Data

FICHA DE DEGUSTAÇÃO DE ESPUMANTES

Vinho	Tipo	Nível

Classe	Estilo	Método	º GL	ml	US$

Uvas	Loja

Produtor	Região	País

	Avaliação	0	1	2	3	4	5	6	7	8	9	10	NOTA
VISÃO	Corpo												
	Perlage												
	Espuma												
OLFATO	Qualidade												
	Complexidade												
	Intensidade												
	Persistência												
PALADAR	Qualidade												
	Intensidade												
	Equilíbrio												
FINAL	Aprovação												
	Persistência												
										NOTA FINAL			

COMENTÁRIOS	
	Visão
	Olfato
	Paladar
	Final
	Comentário
	Local — Data

FICHA DE DEGUSTAÇÃO DE ESPUMANTES

Vinho		Tipo	Nível	
Classe	Estilo	Método	º GL	ml	US$
Uvas			Loja		
Produtor		Região	País		

	Avaliação	0	1	2	3	4	5	6	7	8	9	10	NOTA
VISÃO	Corpo												
	Perlage												
	Espuma												
OLFATO	Qualidade												
	Complexidade												
	Intensidade												
	Persistência												
PALADAR	Qualidade												
	Intensidade												
	Equilíbrio												
FINAL	Aprovação												
	Persistência												
										NOTA FINAL			

COMENTÁRIOS		
	Visão	
	Olfato	
	Paladar	
	Final	
	Comentário	
	Local	Data

FICHA DE DEGUSTAÇÃO DE ESPUMANTES

Vinho				Tipo			Nível		
Classe	Estilo		Método			º GL	ml	US$	
Uvas						Loja			
Produtor			Região				País		

	Avaliação	0	1	2	3	4	5	6	7	8	9	10	NOTA
VISÃO	Corpo												
	Perlage												
	Espuma												
OLFATO	Qualidade												
	Complexidade												
	Intensidade												
	Persistência												
PALADAR	Qualidade												
	Intensidade												
	Equilíbrio												
FINAL	Aprovação												
	Persistência												
										NOTA FINAL			

COMENTÁRIOS		
	Visão	
	Olfato	
	Paladar	
	Final	
	Comentário	
	Local	Data

FICHA DE DEGUSTAÇÃO DE ESPUMANTES

Vinho			Tipo		Nível	
Classe	Estilo	Método	º GL	ml	US$	
Uvas				Loja		
Produtor		Região		País		

	Avaliação	0	1	2	3	4	5	6	7	8	9	10	NOTA
VISÃO	Corpo												
	Perlage												
	Espuma												
OLFATO	Qualidade												
	Complexidade												
	Intensidade												
	Persistência												
PALADAR	Qualidade												
	Intensidade												
	Equilíbrio												
FINAL	Aprovação												
	Persistência												
										NOTA FINAL			

COMENTÁRIOS		
	Visão	
	Olfato	
	Paladar	
	Final	
	Comentário	
	Local	Data

FICHA DE DEGUSTAÇÃO DE ESPUMANTES

Vinho			Tipo		Nível	
Classe	Estilo	Método	º GL	ml	US$	
Uvas				Loja		
Produtor		Região		País		

	Avaliação	0	1	2	3	4	5	6	7	8	9	10	NOTA
VISÃO	Corpo												
	Perlage												
	Espuma												
OLFATO	Qualidade												
	Complexidade												
	Intensidade												
	Persistência												
PALADAR	Qualidade												
	Intensidade												
	Equilíbrio												
FINAL	Aprovação												
	Persistência												
										NOTA FINAL			

COMENTÁRIOS		
	Visão	
	Olfato	
	Paladar	
	Final	
	Comentário	
	Local	Data

FICHA DE DEGUSTAÇÃO DE ESPUMANTES

Vinho		Tipo	Nível

Classe	Estilo	Método	º GL	ml	US$

Uvas	Loja

Produtor	Região	País

	Avaliação	0	1	2	3	4	5	6	7	8	9	10	NOTA
VISÃO	Corpo												
	Perlage												
	Espuma												
OLFATO	Qualidade												
	Complexidade												
	Intensidade												
	Persistência												
PALADAR	Qualidade												
	Intensidade												
	Equilíbrio												
FINAL	Aprovação												
	Persistência												
										NOTA FINAL			

COMENTÁRIOS		
	Visão	
	Olfato	
	Paladar	
	Final	
	Comentário	
	Local	Data

FICHA DE DEGUSTAÇÃO DE ESPUMANTES

Vinho			Tipo		Nível	
Classe	Estilo	Método	º GL	ml	US$	
Uvas				Loja		
Produtor		Região		País		

	Avaliação	0	1	2	3	4	5	6	7	8	9	10	NOTA
VISÃO	Corpo												
	Perlage												
	Espuma												
OLFATO	Qualidade												
	Complexidade												
	Intensidade												
	Persistência												
PALADAR	Qualidade												
	Intensidade												
	Equilíbrio												
FINAL	Aprovação												
	Persistência												
										NOTA FINAL			

COMENTÁRIOS		
	Visão	
	Olfato	
	Paladar	
	Final	
	Comentário	
	Local	Data

FICHA DE DEGUSTAÇÃO DE ESPUMANTES

Vinho			Tipo		Nível	
Classe	Estilo	Método		º GL	ml	US$
Uvas				Loja		
Produtor		Região			País	

	Avaliação	0	1	2	3	4	5	6	7	8	9	10	NOTA
VISÃO	Corpo												
	Perlage												
	Espuma												
OLFATO	Qualidade												
	Complexidade												
	Intensidade												
	Persistência												
PALADAR	Qualidade												
	Intensidade												
	Equilíbrio												
FINAL	Aprovação												
	Persistência												
										NOTA FINAL			

COMENTÁRIOS		
	Visão	
	Olfato	
	Paladar	
	Final	
	Comentário	
	Local	Data

FICHA DE DEGUSTAÇÃO DE ESPUMANTES

Vinho		Tipo		Nível	
Classe	Estilo	Método	º GL	ml	US$
Uvas			Loja		
Produtor		Região		País	

	Avaliação	0	1	2	3	4	5	6	7	8	9	10	NOTA
VISÃO	Corpo												
	Perlage												
	Espuma												
OLFATO	Qualidade												
	Complexidade												
	Intensidade												
	Persistência												
PALADAR	Qualidade												
	Intensidade												
	Equilíbrio												
FINAL	Aprovação												
	Persistência												
										NOTA FINAL			

COMENTÁRIOS	
	Visão
	Olfato
	Paladar
	Final
	Comentário
	Local / Data

FICHA DE DEGUSTAÇÃO DE ESPUMANTES

Vinho			Tipo	Nível	
Classe	Estilo	Método	º GL	ml	US$
Uvas			Loja		
Produtor		Região	País		

	Avaliação	0	1	2	3	4	5	6	7	8	9	10	NOTA
VISÃO	Corpo												
	Perlage												
	Espuma												
OLFATO	Qualidade												
	Complexidade												
	Intensidade												
	Persistência												
PALADAR	Qualidade												
	Intensidade												
	Equilíbrio												
FINAL	Aprovação												
	Persistência												
										NOTA FINAL			

COMENTÁRIOS	
	Visão
	Olfato
	Paladar
	Final
	Comentário
	Local / Data

FICHA DE DEGUSTAÇÃO DE ESPUMANTES

Vinho			Tipo	Nível	
Classe	Estilo	Método	º GL	ml	US$
Uvas				Loja	
Produtor		Região		País	

	Avaliação	0	1	2	3	4	5	6	7	8	9	10	NOTA
VISÃO	Corpo												
	Perlage												
	Espuma												
OLFATO	Qualidade												
	Complexidade												
	Intensidade												
	Persistência												
PALADAR	Qualidade												
	Intensidade												
	Equilíbrio												
FINAL	Aprovação												
	Persistência												
										NOTA FINAL			

COMENTÁRIOS		
	Visão	
	Olfato	
	Paladar	
	Final	
	Comentário	
	Local	Data

FICHA DE DEGUSTAÇÃO DE ESPUMANTES

Vinho			Tipo		Nível	
Classe	Estilo	Método		° GL	ml	US$
Uvas				Loja		
Produtor		Região		País		

	Avaliação	0	1	2	3	4	5	6	7	8	9	10	NOTA
VISÃO	Corpo												
	Perlage												
	Espuma												
OLFATO	Qualidade												
	Complexidade												
	Intensidade												
	Persistência												
PALADAR	Qualidade												
	Intensidade												
	Equilíbrio												
FINAL	Aprovação												
	Persistência												
										NOTA FINAL			

COMENTÁRIOS		
	Visão	
	Olfato	
	Paladar	
	Final	
	Comentário	
	Local	Data

FICHA DE DEGUSTAÇÃO DE ESPUMANTES

Vinho				Tipo		Nível	
Classe	Estilo	Método	º GL	ml	US$		
Uvas				Loja			
Produtor		Região		País			

	Avaliação	0	1	2	3	4	5	6	7	8	9	10	NOTA
VISÃO	Corpo												
	Perlage												
	Espuma												
OLFATO	Qualidade												
	Complexidade												
	Intensidade												
	Persistência												
PALADAR	Qualidade												
	Intensidade												
	Equilíbrio												
FINAL	Aprovação												
	Persistência												
										NOTA FINAL			

COMENTÁRIOS		
	Visão	
	Olfato	
	Paladar	
	Final	
	Comentário	
	Local	Data

FICHA DE DEGUSTAÇÃO DE ESPUMANTES

Vinho			Tipo		Nível	
Classe	Estilo	Método		º GL	ml	US$
Uvas				Loja		
Produtor		Região			País	

	Avaliação	0	1	2	3	4	5	6	7	8	9	10	NOTA
VISÃO	Corpo												
	Perlage												
	Espuma												
OLFATO	Qualidade												
	Complexidade												
	Intensidade												
	Persistência												
PALADAR	Qualidade												
	Intensidade												
	Equilíbrio												
FINAL	Aprovação												
	Persistência												
										NOTA FINAL			

COMENTÁRIOS		
	Visão	
	Olfato	
	Paladar	
	Final	
	Comentário	
	Local	Data

FICHA DE DEGUSTAÇÃO DE ESPUMANTES

Vinho			Tipo	Nível	
Classe	Estilo	Método	º GL	ml	US$
Uvas				Loja	
Produtor		Região		País	

	Avaliação	0	1	2	3	4	5	6	7	8	9	10	NOTA
VISÃO	Corpo												
	Perlage												
	Espuma												
OLFATO	Qualidade												
	Complexidade												
	Intensidade												
	Persistência												
PALADAR	Qualidade												
	Intensidade												
	Equilíbrio												
FINAL	Aprovação												
	Persistência												
										NOTA FINAL			

COMENTÁRIOS		
	Visão	
	Olfato	
	Paladar	
	Final	
	Comentário	
	Local	Data

FICHA DE DEGUSTAÇÃO DE ESPUMANTES

Vinho			Tipo		Nível
Classe	Estilo	Método	º GL	ml	US$
Uvas				Loja	
Produtor		Região		País	

	Avaliação	0	1	2	3	4	5	6	7	8	9	10	NOTA
VISÃO	Corpo												
	Perlage												
	Espuma												
OLFATO	Qualidade												
	Complexidade												
	Intensidade												
	Persistência												
PALADAR	Qualidade												
	Intensidade												
	Equilíbrio												
FINAL	Aprovação												
	Persistência												
										NOTA FINAL			

COMENTÁRIOS		
	Visão	
	Olfato	
	Paladar	
	Final	
	Comentário	
	Local	Data

FICHA DE DEGUSTAÇÃO DE ESPUMANTES

Vinho			Tipo		Nível	
Classe	Estilo	Método	º GL	ml	US$	
Uvas				Loja		
Produtor		Região		País		

	Avaliação	0	1	2	3	4	5	6	7	8	9	10	NOTA
VISÃO	Corpo												
	Perlage												
	Espuma												
OLFATO	Qualidade												
	Complexidade												
	Intensidade												
	Persistência												
PALADAR	Qualidade												
	Intensidade												
	Equilíbrio												
FINAL	Aprovação												
	Persistência												
										NOTA FINAL			

COMENTÁRIOS		
	Visão	
	Olfato	
	Paladar	
	Final	
	Comentário	
	Local	Data

FICHA DE DEGUSTAÇÃO DE ESPUMANTES

Vinho			Tipo		Nível	
Classe	Estilo	Método	º GL		ml	US$
Uvas				Loja		
Produtor		Região			País	

	Avaliação	0	1	2	3	4	5	6	7	8	9	10	NOTA
VISÃO	Corpo												
	Perlage												
	Espuma												
OLFATO	Qualidade												
	Complexidade												
	Intensidade												
	Persistência												
PALADAR	Qualidade												
	Intensidade												
	Equilíbrio												
FINAL	Aprovação												
	Persistência												
										NOTA FINAL			

COMENTÁRIOS		
	Visão	
	Olfato	
	Paladar	
	Final	
	Comentário	
	Local	Data

FICHA DE DEGUSTAÇÃO DE ESPUMANTES

Vinho			Tipo		Nível	
Classe	Estilo	Método	º GL	ml	US$	
Uvas				Loja		
Produtor		Região		País		

	Avaliação	0	1	2	3	4	5	6	7	8	9	10	NOTA
VISÃO	Corpo												
	Perlage												
	Espuma												
OLFATO	Qualidade												
	Complexidade												
	Intensidade												
	Persistência												
PALADAR	Qualidade												
	Intensidade												
	Equilíbrio												
FINAL	Aprovação												
	Persistência												
										NOTA FINAL			

COMENTÁRIOS		
	Visão	
	Olfato	
	Paladar	
	Final	
	Comentário	
	Local	Data

FICHA DE DEGUSTAÇÃO DE ESPUMANTES

Vinho			Tipo		Nível	
Classe	Estilo	Método		º GL	ml	US$
Uvas				Loja		
Produtor		Região		País		

	Avaliação	0	1	2	3	4	5	6	7	8	9	10	NOTA
VISÃO	Corpo												
	Perlage												
	Espuma												
OLFATO	Qualidade												
	Complexidade												
	Intensidade												
	Persistência												
PALADAR	Qualidade												
	Intensidade												
	Equilíbrio												
FINAL	Aprovação												
	Persistência												
										NOTA FINAL			

COMENTÁRIOS		
	Visão	
	Olfato	
	Paladar	
	Final	
	Comentário	
	Local	Data

FICHA DE DEGUSTAÇÃO DE ESPUMANTES

Vinho			Tipo		Nível	
Classe	Estilo	Método		º GL	ml	US$
Uvas				Loja		
Produtor		Região		País		

	Avaliação	0	1	2	3	4	5	6	7	8	9	10	NOTA
VISÃO	Corpo												
	Perlage												
	Espuma												
OLFATO	Qualidade												
	Complexidade												
	Intensidade												
	Persistência												
PALADAR	Qualidade												
	Intensidade												
	Equilíbrio												
FINAL	Aprovação												
	Persistência												
										NOTA FINAL			

COMENTÁRIOS		
	Visão	
	Olfato	
	Paladar	
	Final	
	Comentário	
	Local	Data

FICHA DE DEGUSTAÇÃO DE ESPUMANTES

Vinho			Tipo		Nível	
Classe	Estilo	Método	º GL		ml	US$
Uvas				Loja		
Produtor		Região			País	

	Avaliação	0	1	2	3	4	5	6	7	8	9	10	NOTA
VISÃO	Corpo												
	Perlage												
	Espuma												
OLFATO	Qualidade												
	Complexidade												
	Intensidade												
	Persistência												
PALADAR	Qualidade												
	Intensidade												
	Equilíbrio												
FINAL	Aprovação												
	Persistência												
										NOTA FINAL			

COMENTÁRIOS		
	Visão	
	Olfato	
	Paladar	
	Final	
	Comentário	
	Local	Data

FICHA DE DEGUSTAÇÃO DE ESPUMANTES

Vinho							Tipo			Nível		
Classe		Estilo			Método			º GL	ml		US$	
Uvas									Loja			
Produtor					Região				País			

	Avaliação	0	1	2	3	4	5	6	7	8	9	10	NOTA
VISÃO	Corpo												
	Perlage												
	Espuma												
OLFATO	Qualidade												
	Complexidade												
	Intensidade												
	Persistência												
PALADAR	Qualidade												
	Intensidade												
	Equilíbrio												
FINAL	Aprovação												
	Persistência												
										NOTA FINAL			

COMENTÁRIOS		
	Visão	
	Olfato	
	Paladar	
	Final	
	Comentário	
	Local	Data

FICHA DE DEGUSTAÇÃO DE ESPUMANTES

Vinho			Tipo	Nível	
Classe	Estilo	Método	º GL	ml	US$
Uvas				Loja	
Produtor		Região		País	

	Avaliação	0	1	2	3	4	5	6	7	8	9	10	NOTA
VISÃO	Corpo												
	Perlage												
	Espuma												
OLFATO	Qualidade												
	Complexidade												
	Intensidade												
	Persistência												
PALADAR	Qualidade												
	Intensidade												
	Equilíbrio												
FINAL	Aprovação												
	Persistência												
										NOTA FINAL			

COMENTÁRIOS		
	Visão	
	Olfato	
	Paladar	
	Final	
	Comentário	
	Local	Data

FICHA DE DEGUSTAÇÃO DE ESPUMANTES

Vinho		Tipo	Nível	
Classe	Estilo	Método	º GL	ml	US$
Uvas			Loja		
Produtor		Região	País		

	Avaliação	0	1	2	3	4	5	6	7	8	9	10	NOTA
VISÃO	Corpo												
	Perlage												
	Espuma												
OLFATO	Qualidade												
	Complexidade												
	Intensidade												
	Persistência												
PALADAR	Qualidade												
	Intensidade												
	Equilíbrio												
FINAL	Aprovação												
	Persistência												
										NOTA FINAL			

COMENTÁRIOS	
	Visão
	Olfato
	Paladar
	Final
	Comentário
	Local / Data

FICHA DE DEGUSTAÇÃO DE ESPUMANTES

Vinho		Tipo		Nível	
Classe	Estilo	Método	º GL	ml	US$
Uvas			Loja		
Produtor		Região		País	

	Avaliação	0	1	2	3	4	5	6	7	8	9	10	NOTA
VISÃO	Corpo												
	Perlage												
	Espuma												
OLFATO	Qualidade												
	Complexidade												
	Intensidade												
	Persistência												
PALADAR	Qualidade												
	Intensidade												
	Equilíbrio												
FINAL	Aprovação												
	Persistência												
										NOTA FINAL			

COMENTÁRIOS		
	Visão	
	Olfato	
	Paladar	
	Final	
	Comentário	
	Local	Data

FICHA DE DEGUSTAÇÃO DE ESPUMANTES

Vinho			Tipo		Nível	
Classe	Estilo	Método	º GL	ml	US$	
Uvas				Loja		
Produtor		Região		País		

	Avaliação	0	1	2	3	4	5	6	7	8	9	10	NOTA
VISÃO	Corpo												
	Perlage												
	Espuma												
OLFATO	Qualidade												
	Complexidade												
	Intensidade												
	Persistência												
PALADAR	Qualidade												
	Intensidade												
	Equilíbrio												
FINAL	Aprovação												
	Persistência												
										NOTA FINAL			

COMENTÁRIOS		
	Visão	
	Olfato	
	Paladar	
	Final	
	Comentário	
	Local	Data

FICHA DE DEGUSTAÇÃO DE ESPUMANTES

Vinho	Tipo	Nível

Classe	Estilo	Método	° GL	ml	US$

Uvas	Loja

Produtor	Região	País

	Avaliação	0	1	2	3	4	5	6	7	8	9	10	NOTA
VISÃO	Corpo												
	Perlage												
	Espuma												
OLFATO	Qualidade												
	Complexidade												
	Intensidade												
	Persistência												
PALADAR	Qualidade												
	Intensidade												
	Equilíbrio												
FINAL	Aprovação												
	Persistência												
										NOTA FINAL			

COMENTÁRIOS	
	Visão
	Olfato
	Paladar
	Final
	Comentário
	Local / Data

FICHA DE DEGUSTAÇÃO DE ESPUMANTES

Vinho			Tipo		Nível	
Classe	Estilo	Método	º GL		ml	US$
Uvas				Loja		
Produtor		Região			País	

	Avaliação	0	1	2	3	4	5	6	7	8	9	10	NOTA
VISÃO	Corpo												
	Perlage												
	Espuma												
OLFATO	Qualidade												
	Complexidade												
	Intensidade												
	Persistência												
PALADAR	Qualidade												
	Intensidade												
	Equilíbrio												
FINAL	Aprovação												
	Persistência												
										NOTA FINAL			

COMENTÁRIOS		
	Visão	
	Olfato	
	Paladar	
	Final	
	Comentário	
	Local	Data

FICHA DE DEGUSTAÇÃO DE ESPUMANTES

Vinho			Tipo		Nível	
Classe	Estilo	Método	º GL	ml	US$	
Uvas				Loja		
Produtor		Região		País		

	Avaliação	0	1	2	3	4	5	6	7	8	9	10	NOTA
VISÃO	Corpo												
	Perlage												
	Espuma												
OLFATO	Qualidade												
	Complexidade												
	Intensidade												
	Persistência												
PALADAR	Qualidade												
	Intensidade												
	Equilíbrio												
FINAL	Aprovação												
	Persistência												
										NOTA FINAL			

COMENTÁRIOS		
	Visão	
	Olfato	
	Paladar	
	Final	
	Comentário	
	Local	Data

FICHA DE DEGUSTAÇÃO DE ESPUMANTES

Vinho			Tipo		Nível	
Classe	Estilo	Método		º GL	ml	US$
Uvas				Loja		
Produtor		Região			País	

	Avaliação	0	1	2	3	4	5	6	7	8	9	10	NOTA
VISÃO	Corpo												
	Perlage												
	Espuma												
OLFATO	Qualidade												
	Complexidade												
	Intensidade												
	Persistência												
PALADAR	Qualidade												
	Intensidade												
	Equilíbrio												
FINAL	Aprovação												
	Persistência												
										NOTA FINAL			

COMENTÁRIOS		
	Visão	
	Olfato	
	Paladar	
	Final	
	Comentário	
	Local	Data

FICHA DE DEGUSTAÇÃO DE ESPUMANTES

Vinho			Tipo		Nível	
Classe	Estilo	Método	º GL		ml	US$
Uvas				Loja		
Produtor		Região			País	

	Avaliação	0	1	2	3	4	5	6	7	8	9	10	NOTA
VISÃO	Corpo												
	Perlage												
	Espuma												
OLFATO	Qualidade												
	Complexidade												
	Intensidade												
	Persistência												
PALADAR	Qualidade												
	Intensidade												
	Equilíbrio												
FINAL	Aprovação												
	Persistência												
										NOTA FINAL			

COMENTÁRIOS		
	Visão	
	Olfato	
	Paladar	
	Final	
	Comentário	
	Local	Data

FICHA DE DEGUSTAÇÃO DE ESPUMANTES

Vinho				Tipo			Nível			
Classe	Estilo	Método				° GL	ml		US$	
Uvas							Loja			
Produtor		Região					País			

	Avaliação	0	1	2	3	4	5	6	7	8	9	10	NOTA
VISÃO	Corpo												
	Perlage												
	Espuma												
OLFATO	Qualidade												
	Complexidade												
	Intensidade												
	Persistência												
PALADAR	Qualidade												
	Intensidade												
	Equilíbrio												
FINAL	Aprovação												
	Persistência												
										NOTA FINAL			

COMENTÁRIOS		
	Visão	
	Olfato	
	Paladar	
	Final	
	Comentário	
	Local	Data

FICHA DE DEGUSTAÇÃO DE ESPUMANTES

Vinho			Tipo		Nível	
Classe	Estilo	Método	º GL	ml	US$	
Uvas				Loja		
Produtor		Região		País		

	Avaliação	0	1	2	3	4	5	6	7	8	9	10	NOTA
VISÃO	Corpo												
	Perlage												
	Espuma												
OLFATO	Qualidade												
	Complexidade												
	Intensidade												
	Persistência												
PALADAR	Qualidade												
	Intensidade												
	Equilíbrio												
FINAL	Aprovação												
	Persistência												
										NOTA FINAL			

COMENTÁRIOS		
	Visão	
	Olfato	
	Paladar	
	Final	
	Comentário	
	Local	Data

FICHA DE DEGUSTAÇÃO DE ESPUMANTES

Vinho			Tipo		Nível	
Classe	Estilo	Método		° GL	ml	US$
Uvas				Loja		
Produtor		Região			País	

	Avaliação	0	1	2	3	4	5	6	7	8	9	10	NOTA
VISÃO	Corpo												
	Perlage												
	Espuma												
OLFATO	Qualidade												
	Complexidade												
	Intensidade												
	Persistência												
PALADAR	Qualidade												
	Intensidade												
	Equilíbrio												
FINAL	Aprovação												
	Persistência												
										NOTA FINAL			

COMENTÁRIOS		
	Visão	
	Olfato	
	Paladar	
	Final	
	Comentário	
	Local	Data

FICHA DE DEGUSTAÇÃO DE ESPUMANTES

Vinho			Tipo		Nível	
Classe	Estilo	Método	º GL		ml	US$
Uvas				Loja		
Produtor		Região			País	

	Avaliação	0	1	2	3	4	5	6	7	8	9	10	NOTA
VISÃO	Corpo												
	Perlage												
	Espuma												
OLFATO	Qualidade												
	Complexidade												
	Intensidade												
	Persistência												
PALADAR	Qualidade												
	Intensidade												
	Equilíbrio												
FINAL	Aprovação												
	Persistência												
										NOTA FINAL			

COMENTÁRIOS		
	Visão	
	Olfato	
	Paladar	
	Final	
	Comentário	
	Local	Data

FICHA DE DEGUSTAÇÃO DE ESPUMANTES

Vinho		Tipo	Nível		
Classe	Estilo	Método	º GL	ml	US$
Uvas			Loja		
Produtor		Região	País		

	Avaliação	0	1	2	3	4	5	6	7	8	9	10	NOTA
VISÃO	Corpo												
	Perlage												
	Espuma												
OLFATO	Qualidade												
	Complexidade												
	Intensidade												
	Persistência												
PALADAR	Qualidade												
	Intensidade												
	Equilíbrio												
FINAL	Aprovação												
	Persistência												
										NOTA FINAL			

COMENTÁRIOS		
	Visão	
	Olfato	
	Paladar	
	Final	
	Comentário	
	Local	Data

FICHA DE DEGUSTAÇÃO DE ESPUMANTES

Vinho			Tipo		Nível	
Classe	Estilo	Método	º GL		ml	US$
Uvas				Loja		
Produtor		Região			País	

	Avaliação	0	1	2	3	4	5	6	7	8	9	10	NOTA
VISÃO	Corpo												
	Perlage												
	Espuma												
OLFATO	Qualidade												
	Complexidade												
	Intensidade												
	Persistência												
PALADAR	Qualidade												
	Intensidade												
	Equilíbrio												
FINAL	Aprovação												
	Persistência												
										NOTA FINAL			

COMENTÁRIOS		
	Visão	
	Olfato	
	Paladar	
	Final	
	Comentário	
	Local	Data

FICHA DE DEGUSTAÇÃO DE ESPUMANTES

Vinho	Tipo	Nível

Classe	Estilo	Método	º GL	ml	US$

Uvas	Loja

Produtor	Região	País

	Avaliação	0	1	2	3	4	5	6	7	8	9	10	NOTA
VISÃO	Corpo												
	Perlage												
	Espuma												
OLFATO	Qualidade												
	Complexidade												
	Intensidade												
	Persistência												
PALADAR	Qualidade												
	Intensidade												
	Equilíbrio												
FINAL	Aprovação												
	Persistência												
										NOTA FINAL			

COMENTÁRIOS	
	Visão
	Olfato
	Paladar
	Final
	Comentário
	Local / Data

FICHA DE DEGUSTAÇÃO DE ESPUMANTES

Vinho	Tipo	Nível

Classe	Estilo	Método	º GL	ml	US$

Uvas	Loja

Produtor	Região	País

	Avaliação	0	1	2	3	4	5	6	7	8	9	10	NOTA
VISÃO	Corpo												
	Perlage												
	Espuma												
OLFATO	Qualidade												
	Complexidade												
	Intensidade												
	Persistência												
PALADAR	Qualidade												
	Intensidade												
	Equilíbrio												
FINAL	Aprovação												
	Persistência												
										NOTA FINAL			

COMENTÁRIOS	
	Visão
	Olfato
	Paladar
	Final
	Comentário
	Local / Data

FICHA DE DEGUSTAÇÃO DE ESPUMANTES

Vinho		Tipo	Nível		
Classe	Estilo	Método	º GL	ml	US$
Uvas			Loja		
Produtor		Região	País		

	Avaliação	0	1	2	3	4	5	6	7	8	9	10	NOTA
VISÃO	Corpo												
	Perlage												
	Espuma												
OLFATO	Qualidade												
	Complexidade												
	Intensidade												
	Persistência												
PALADAR	Qualidade												
	Intensidade												
	Equilíbrio												
FINAL	Aprovação												
	Persistência												
										NOTA FINAL			

COMENTÁRIOS		
	Visão	
	Olfato	
	Paladar	
	Final	
	Comentário	
	Local	Data

FICHA DE DEGUSTAÇÃO DE ESPUMANTES

Vinho			Tipo		Nível	
Classe	Estilo	Método	º GL		ml	US$
Uvas				Loja		
Produtor		Região			País	

	Avaliação	0	1	2	3	4	5	6	7	8	9	10	NOTA
VISÃO	Corpo												
	Perlage												
	Espuma												
OLFATO	Qualidade												
	Complexidade												
	Intensidade												
	Persistência												
PALADAR	Qualidade												
	Intensidade												
	Equilíbrio												
FINAL	Aprovação												
	Persistência												
										NOTA FINAL			

COMENTÁRIOS		
	Visão	
	Olfato	
	Paladar	
	Final	
	Comentário	
	Local	Data

FICHA DE DEGUSTAÇÃO DE ESPUMANTES

Vinho			Tipo		Nível	
Classe	Estilo	Método		º GL	ml	US$
Uvas				Loja		
Produtor		Região			País	

	Avaliação	0	1	2	3	4	5	6	7	8	9	10	NOTA
VISÃO	Corpo												
	Perlage												
	Espuma												
OLFATO	Qualidade												
	Complexidade												
	Intensidade												
	Persistência												
PALADAR	Qualidade												
	Intensidade												
	Equilíbrio												
FINAL	Aprovação												
	Persistência												
										NOTA FINAL			

COMENTÁRIOS		
	Visão	
	Olfato	
	Paladar	
	Final	
	Comentário	
	Local	Data

FICHA DE DEGUSTAÇÃO DE ESPUMANTES

Vinho			Tipo		Nível
Classe	Estilo	Método	° GL	ml	US$
Uvas				Loja	
Produtor		Região		País	

	Avaliação	0	1	2	3	4	5	6	7	8	9	10	NOTA
VISÃO	Corpo												
	Perlage												
	Espuma												
OLFATO	Qualidade												
	Complexidade												
	Intensidade												
	Persistência												
PALADAR	Qualidade												
	Intensidade												
	Equilíbrio												
FINAL	Aprovação												
	Persistência												
										NOTA FINAL			

COMENTÁRIOS		
	Visão	
	Olfato	
	Paladar	
	Final	
	Comentário	
	Local	Data

FICHA DE DEGUSTAÇÃO DE ESPUMANTES

Vinho				Tipo		Nível	
Classe	Estilo	Método	º GL		ml	US$	
Uvas				Loja			
Produtor		Região				País	

	Avaliação	0	1	2	3	4	5	6	7	8	9	10	NOTA
VISÃO	Corpo												
	Perlage												
	Espuma												
OLFATO	Qualidade												
	Complexidade												
	Intensidade												
	Persistência												
PALADAR	Qualidade												
	Intensidade												
	Equilíbrio												
FINAL	Aprovação												
	Persistência												
										NOTA FINAL			

COMENTÁRIOS		
	Visão	
	Olfato	
	Paladar	
	Final	
	Comentário	
	Local	Data

FICHA DE DEGUSTAÇÃO DE ESPUMANTES

Vinho				Tipo		Nível	
Classe	Estilo	Método	° GL	ml	US$		
Uvas				Loja			
Produtor		Região		País			

	Avaliação	0	1	2	3	4	5	6	7	8	9	10	NOTA
VISÃO	Corpo												
	Perlage												
	Espuma												
OLFATO	Qualidade												
	Complexidade												
	Intensidade												
	Persistência												
PALADAR	Qualidade												
	Intensidade												
	Equilíbrio												
FINAL	Aprovação												
	Persistência												
											NOTA FINAL		

COMENTÁRIOS	
	Visão
	Olfato
	Paladar
	Final
	Comentário
	Local / Data

FICHA DE DEGUSTAÇÃO DE ESPUMANTES

Vinho		Tipo		Nível	
Classe	Estilo	Método	º GL	ml	US$
Uvas			Loja		
Produtor		Região		País	

	Avaliação	0	1	2	3	4	5	6	7	8	9	10	NOTA
VISÃO	Corpo												
	Perlage												
	Espuma												
OLFATO	Qualidade												
	Complexidade												
	Intensidade												
	Persistência												
PALADAR	Qualidade												
	Intensidade												
	Equilíbrio												
FINAL	Aprovação												
	Persistência												
										NOTA FINAL			

COMENTÁRIOS		
	Visão	
	Olfato	
	Paladar	
	Final	
	Comentário	
	Local	Data

FICHA DE DEGUSTAÇÃO DE ESPUMANTES

Vinho		Tipo		Nível	
Classe	Estilo	Método	º GL	ml	US$
Uvas			Loja		
Produtor		Região		País	

	Avaliação	0	1	2	3	4	5	6	7	8	9	10	NOTA
VISÃO	Corpo												
	Perlage												
	Espuma												
OLFATO	Qualidade												
	Complexidade												
	Intensidade												
	Persistência												
PALADAR	Qualidade												
	Intensidade												
	Equilíbrio												
FINAL	Aprovação												
	Persistência												
										NOTA FINAL			

COMENTÁRIOS		
	Visão	
	Olfato	
	Paladar	
	Final	
	Comentário	
	Local	Data

FICHA DE DEGUSTAÇÃO DE ESPUMANTES

Vinho		Tipo	Nível	

Classe	Estilo	Método	º GL	ml	US$

Uvas	Loja

Produtor	Região	País

	Avaliação	0	1	2	3	4	5	6	7	8	9	10	NOTA
VISÃO	Corpo												
	Perlage												
	Espuma												
OLFATO	Qualidade												
	Complexidade												
	Intensidade												
	Persistência												
PALADAR	Qualidade												
	Intensidade												
	Equilíbrio												
FINAL	Aprovação												
	Persistência												
										NOTA FINAL			

COMENTÁRIOS		
	Visão	
	Olfato	
	Paladar	
	Final	
	Comentário	
	Local	Data

FICHA DE DEGUSTAÇÃO DE ESPUMANTES

Vinho		Tipo		Nível	
Classe	Estilo	Método	º GL	ml	US$
Uvas			Loja		
Produtor		Região		País	

	Avaliação	0	1	2	3	4	5	6	7	8	9	10	NOTA
VISÃO	Corpo												
	Perlage												
	Espuma												
OLFATO	Qualidade												
	Complexidade												
	Intensidade												
	Persistência												
PALADAR	Qualidade												
	Intensidade												
	Equilíbrio												
FINAL	Aprovação												
	Persistência												
										NOTA FINAL			

COMENTÁRIOS		
	Visão	
	Olfato	
	Paladar	
	Final	
	Comentário	
	Local	Data

FICHA DE DEGUSTAÇÃO DE ESPUMANTES

Vinho		Tipo	Nível

Classe	Estilo	Método	º GL	ml	US$

Uvas	Loja

Produtor	Região	País

	Avaliação	0	1	2	3	4	5	6	7	8	9	10	NOTA
VISÃO	Corpo												
	Perlage												
	Espuma												
OLFATO	Qualidade												
	Complexidade												
	Intensidade												
	Persistência												
PALADAR	Qualidade												
	Intensidade												
	Equilíbrio												
FINAL	Aprovação												
	Persistência												
										NOTA FINAL			

COMENTÁRIOS		
	Visão	
	Olfato	
	Paladar	
	Final	
	Comentário	
	Local	Data

FICHA DE DEGUSTAÇÃO DE ESPUMANTES

Vinho		Tipo	Nível	
Classe	Estilo	Método	º GL	ml	US$
Uvas			Loja	
Produtor		Região	País	

	Avaliação	0	1	2	3	4	5	6	7	8	9	10	NOTA
VISÃO	Corpo												
	Perlage												
	Espuma												
OLFATO	Qualidade												
	Complexidade												
	Intensidade												
	Persistência												
PALADAR	Qualidade												
	Intensidade												
	Equilíbrio												
FINAL	Aprovação												
	Persistência												
										NOTA FINAL			

COMENTÁRIOS		
	Visão	
	Olfato	
	Paladar	
	Final	
	Comentário	
	Local	Data

FICHA DE DEGUSTAÇÃO DE ESPUMANTES

Vinho	Tipo	Nível

Classe	Estilo	Método	º GL	ml	US$

Uvas	Loja

Produtor	Região	País

	Avaliação	0	1	2	3	4	5	6	7	8	9	10	NOTA
VISÃO	Corpo												
	Perlage												
	Espuma												
OLFATO	Qualidade												
	Complexidade												
	Intensidade												
	Persistência												
PALADAR	Qualidade												
	Intensidade												
	Equilíbrio												
FINAL	Aprovação												
	Persistência												
										NOTA FINAL			

COMENTÁRIOS		
	Visão	
	Olfato	
	Paladar	
	Final	
	Comentário	
	Local	Data

FICHA DE DEGUSTAÇÃO DE ESPUMANTES

Vinho		Tipo	Nível	
Classe	Estilo	Método	º GL	ml	US$
Uvas			Loja		
Produtor		Região	País		

	Avaliação	0	1	2	3	4	5	6	7	8	9	10	NOTA
VISÃO	Corpo												
	Perlage												
	Espuma												
OLFATO	Qualidade												
	Complexidade												
	Intensidade												
	Persistência												
PALADAR	Qualidade												
	Intensidade												
	Equilíbrio												
FINAL	Aprovação												
	Persistência												
										NOTA FINAL			

COMENTÁRIOS		
	Visão	
	Olfato	
	Paladar	
	Final	
	Comentário	
	Local	Data

FICHA DE DEGUSTAÇÃO DE ESPUMANTES

Vinho		Tipo	Nível	
Classe	Estilo	Método	º GL	ml	US$
Uvas			Loja	
Produtor		Região	País	

	Avaliação	0	1	2	3	4	5	6	7	8	9	10	NOTA
VISÃO	Corpo												
	Perlage												
	Espuma												
OLFATO	Qualidade												
	Complexidade												
	Intensidade												
	Persistência												
PALADAR	Qualidade												
	Intensidade												
	Equilíbrio												
FINAL	Aprovação												
	Persistência												
										NOTA FINAL			

COMENTÁRIOS		
	Visão	
	Olfato	
	Paladar	
	Final	
	Comentário	
	Local	Data

FICHA DE DEGUSTAÇÃO DE ESPUMANTES

Vinho			Tipo		Nível	
Classe	Estilo	Método	º GL	ml	US$	
Uvas				Loja		
Produtor		Região		País		

	Avaliação	0	1	2	3	4	5	6	7	8	9	10	NOTA
VISÃO	Corpo												
	Perlage												
	Espuma												
OLFATO	Qualidade												
	Complexidade												
	Intensidade												
	Persistência												
PALADAR	Qualidade												
	Intensidade												
	Equilíbrio												
FINAL	Aprovação												
	Persistência												
										NOTA FINAL			

COMENTÁRIOS		
	Visão	
	Olfato	
	Paladar	
	Final	
	Comentário	
	Local	Data

FICHA DE DEGUSTAÇÃO DE ESPUMANTES

Vinho		Tipo	Nível	
Classe	Estilo	Método	º GL	ml	US$
Uvas			Loja	
Produtor		Região	País	

	Avaliação	0	1	2	3	4	5	6	7	8	9	10	NOTA
VISÃO	Corpo												
	Perlage												
	Espuma												
OLFATO	Qualidade												
	Complexidade												
	Intensidade												
	Persistência												
PALADAR	Qualidade												
	Intensidade												
	Equilíbrio												
FINAL	Aprovação												
	Persistência												
										NOTA FINAL			

COMENTÁRIOS		
	Visão	
	Olfato	
	Paladar	
	Final	
	Comentário	
	Local	Data

FICHA DE DEGUSTAÇÃO DE ESPUMANTES

Vinho			Tipo		Nível	
Classe	Estilo	Método	º GL		ml	US$
Uvas				Loja		
Produtor		Região			País	

	Avaliação	0	1	2	3	4	5	6	7	8	9	10	NOTA
VISÃO	Corpo												
	Perlage												
	Espuma												
OLFATO	Qualidade												
	Complexidade												
	Intensidade												
	Persistência												
PALADAR	Qualidade												
	Intensidade												
	Equilíbrio												
FINAL	Aprovação												
	Persistência												
										NOTA FINAL			

COMENTÁRIOS		
	Visão	
	Olfato	
	Paladar	
	Final	
	Comentário	
	Local	Data

FICHA DE DEGUSTAÇÃO DE ESPUMANTES

Vinho			Tipo	Nível	
Classe	**Estilo**	**Método**	**º GL**	**ml**	**US$**
Uvas			**Loja**		
Produtor		**Região**		**País**	

	Avaliação	0	1	2	3	4	5	6	7	8	9	10	NOTA
VISÃO	Corpo												
	Perlage												
	Espuma												
OLFATO	Qualidade												
	Complexidade												
	Intensidade												
	Persistência												
PALADAR	Qualidade												
	Intensidade												
	Equilíbrio												
FINAL	Aprovação												
	Persistência												

	NOTA FINAL	
COMENTÁRIOS	Visão	
	Olfato	
	Paladar	
	Final	
	Comentário	
	Local	Data

FICHA DE DEGUSTAÇÃO DE ESPUMANTES

Vinho	Tipo	Nível

Classe	Estilo	Método	º GL	ml	US$

Uvas	Loja
Produtor	Região	País

	Avaliação	0	1	2	3	4	5	6	7	8	9	10	NOTA
VISÃO	Corpo												
	Perlage												
	Espuma												
OLFATO	Qualidade												
	Complexidade												
	Intensidade												
	Persistência												
PALADAR	Qualidade												
	Intensidade												
	Equilíbrio												
FINAL	Aprovação												
	Persistência												
										NOTA FINAL			

COMENTÁRIOS		
	Visão	
	Olfato	
	Paladar	
	Final	
	Comentário	
	Local	Data

FICHA DE DEGUSTAÇÃO DE ESPUMANTES

Vinho	Tipo	Nível

Classe	Estilo	Método	° GL	ml	US$

Uvas	Loja

Produtor	Região	País

	Avaliação	0	1	2	3	4	5	6	7	8	9	10	NOTA
VISÃO	Corpo												
	Perlage												
	Espuma												
OLFATO	Qualidade												
	Complexidade												
	Intensidade												
	Persistência												
PALADAR	Qualidade												
	Intensidade												
	Equilíbrio												
FINAL	Aprovação												
	Persistência												
										NOTA FINAL			

COMENTÁRIOS	
	Visão
	Olfato
	Paladar
	Final
	Comentário
	Local / Data

FICHA DE DEGUSTAÇÃO DE ESPUMANTES

Vinho		Tipo	Nível

Classe	Estilo	Método	º GL	ml	US$

Uvas	Loja

Produtor	Região	País

	Avaliação	0	1	2	3	4	5	6	7	8	9	10	NOTA
VISÃO	Corpo												
	Perlage												
	Espuma												
OLFATO	Qualidade												
	Complexidade												
	Intensidade												
	Persistência												
PALADAR	Qualidade												
	Intensidade												
	Equilíbrio												
FINAL	Aprovação												
	Persistência												
										NOTA FINAL			

COMENTÁRIOS		
	Visão	
	Olfato	
	Paladar	
	Final	
	Comentário	
	Local	Data

FICHA DE DEGUSTAÇÃO DE ESPUMANTES

Vinho			Tipo		Nível	
Classe	Estilo	Método		º GL	ml	US$
Uvas				Loja		
Produtor		Região			País	

	Avaliação	0	1	2	3	4	5	6	7	8	9	10	NOTA
VISÃO	Corpo												
	Perlage												
	Espuma												
OLFATO	Qualidade												
	Complexidade												
	Intensidade												
	Persistência												
PALADAR	Qualidade												
	Intensidade												
	Equilíbrio												
FINAL	Aprovação												
	Persistência												
										NOTA FINAL			

COMENTÁRIOS		
	Visão	
	Olfato	
	Paladar	
	Final	
	Comentário	
	Local	Data

FICHA DE DEGUSTAÇÃO DE ESPUMANTES

Vinho				Tipo		Nível	
Classe	Estilo	Método	º GL	ml	US$		
Uvas				Loja			
Produtor		Região		País			

	Avaliação	0	1	2	3	4	5	6	7	8	9	10	NOTA
VISÃO	Corpo												
	Perlage												
	Espuma												
OLFATO	Qualidade												
	Complexidade												
	Intensidade												
	Persistência												
PALADAR	Qualidade												
	Intensidade												
	Equilíbrio												
FINAL	Aprovação												
	Persistência												
										NOTA FINAL			

COMENTÁRIOS	
	Visão
	Olfato
	Paladar
	Final
	Comentário
	Local / Data

FICHA DE DEGUSTAÇÃO DE ESPUMANTES

Vinho			Tipo	Nível	
Classe	Estilo	Método	º GL	ml	US$
Uvas			Loja		
Produtor		Região		País	

	Avaliação	0	1	2	3	4	5	6	7	8	9	10	NOTA
VISÃO	Corpo												
	Perlage												
	Espuma												
OLFATO	Qualidade												
	Complexidade												
	Intensidade												
	Persistência												
PALADAR	Qualidade												
	Intensidade												
	Equilíbrio												
FINAL	Aprovação												
	Persistência												
										NOTA FINAL			

COMENTÁRIOS		
	Visão	
	Olfato	
	Paladar	
	Final	
	Comentário	
	Local	Data

FICHA DE DEGUSTAÇÃO DE ESPUMANTES

Vinho			Tipo	Nível	
Classe	Estilo	Método	º GL	ml	US$
Uvas			Loja		
Produtor		Região		País	

	Avaliação	0	1	2	3	4	5	6	7	8	9	10	NOTA
VISÃO	Corpo												
	Perlage												
	Espuma												
OLFATO	Qualidade												
	Complexidade												
	Intensidade												
	Persistência												
PALADAR	Qualidade												
	Intensidade												
	Equilíbrio												
FINAL	Aprovação												
	Persistência												
										NOTA FINAL			

COMENTÁRIOS		
	Visão	
	Olfato	
	Paladar	
	Final	
	Comentário	
	Local	Data

FICHA DE DEGUSTAÇÃO DE ESPUMANTES

Vinho			Tipo		Nível	
Classe	Estilo	Método	º GL	ml	US$	
Uvas				Loja		
Produtor		Região		País		

	Avaliação	0	1	2	3	4	5	6	7	8	9	10	NOTA
VISÃO	Corpo												
	Perlage												
	Espuma												
OLFATO	Qualidade												
	Complexidade												
	Intensidade												
	Persistência												
PALADAR	Qualidade												
	Intensidade												
	Equilíbrio												
FINAL	Aprovação												
	Persistência												
										NOTA FINAL			

COMENTÁRIOS		
	Visão	
	Olfato	
	Paladar	
	Final	
	Comentário	
	Local	Data

FICHA DE DEGUSTAÇÃO DE ESPUMANTES

Vinho	Tipo	Nível

Classe	Estilo	Método	º GL	ml	US$

Uvas	Loja

Produtor	Região	País

	Avaliação	0	1	2	3	4	5	6	7	8	9	10	NOTA
VISÃO	Corpo												
	Perlage												
	Espuma												
OLFATO	Qualidade												
	Complexidade												
	Intensidade												
	Persistência												
PALADAR	Qualidade												
	Intensidade												
	Equilíbrio												
FINAL	Aprovação												
	Persistência												
										NOTA FINAL			

COMENTÁRIOS		
	Visão	
	Olfato	
	Paladar	
	Final	
	Comentário	
	Local	Data

FICHA DE DEGUSTAÇÃO DE ESPUMANTES

Vinho		Tipo		Nível	
Classe	Estilo	Método	º GL	ml	US$
Uvas			Loja		
Produtor		Região		País	

	Avaliação	0	1	2	3	4	5	6	7	8	9	10	NOTA
VISÃO	Corpo												
	Perlage												
	Espuma												
OLFATO	Qualidade												
	Complexidade												
	Intensidade												
	Persistência												
PALADAR	Qualidade												
	Intensidade												
	Equilíbrio												
FINAL	Aprovação												
	Persistência												
										NOTA FINAL			

COMENTÁRIOS		
	Visão	
	Olfato	
	Paladar	
	Final	
	Comentário	
	Local	Data

FICHA DE DEGUSTAÇÃO DE ESPUMANTES

Vinho	Tipo	Nível

Classe	Estilo	Método	º GL	ml	US$

Uvas	Loja

Produtor	Região	País

	Avaliação	0	1	2	3	4	5	6	7	8	9	10	NOTA
VISÃO	Corpo												
	Perlage												
	Espuma												
OLFATO	Qualidade												
	Complexidade												
	Intensidade												
	Persistência												
PALADAR	Qualidade												
	Intensidade												
	Equilíbrio												
FINAL	Aprovação												
	Persistência												
										NOTA FINAL			

COMENTÁRIOS	
	Visão
	Olfato
	Paladar
	Final
	Comentário
	Local / Data

FICHA DE DEGUSTAÇÃO DE ESPUMANTES

Vinho		Tipo	Nível		
Classe	Estilo	Método	º GL	ml	US$
Uvas			Loja		
Produtor		Região	País		

	Avaliação	0	1	2	3	4	5	6	7	8	9	10	NOTA
VISÃO	Corpo												
	Perlage												
	Espuma												
OLFATO	Qualidade												
	Complexidade												
	Intensidade												
	Persistência												
PALADAR	Qualidade												
	Intensidade												
	Equilíbrio												
FINAL	Aprovação												
	Persistência												
										NOTA FINAL			

COMENTÁRIOS		
	Visão	
	Olfato	
	Paladar	
	Final	
	Comentário	
	Local	Data

FICHA DE DEGUSTAÇÃO DE ESPUMANTES

Vinho			Tipo		Nível	
Classe	Estilo	Método		º GL	ml	US$
Uvas				Loja		
Produtor		Região			País	

	Avaliação	0	1	2	3	4	5	6	7	8	9	10	NOTA
VISÃO	Corpo												
	Perlage												
	Espuma												
OLFATO	Qualidade												
	Complexidade												
	Intensidade												
	Persistência												
PALADAR	Qualidade												
	Intensidade												
	Equilíbrio												
FINAL	Aprovação												
	Persistência												
										NOTA FINAL			

COMENTÁRIOS		
	Visão	
	Olfato	
	Paladar	
	Final	
	Comentário	
	Local	Data

FICHA DE DEGUSTAÇÃO DE ESPUMANTES

Vinho			Tipo		Nível	
Classe	Estilo	Método	º GL	ml	US$	
Uvas				Loja		
Produtor		Região			País	

	Avaliação	0	1	2	3	4	5	6	7	8	9	10	NOTA
VISÃO	Corpo												
	Perlage												
	Espuma												
OLFATO	Qualidade												
	Complexidade												
	Intensidade												
	Persistência												
PALADAR	Qualidade												
	Intensidade												
	Equilíbrio												
FINAL	Aprovação												
	Persistência												
										NOTA FINAL			

COMENTÁRIOS		
	Visão	
	Olfato	
	Paladar	
	Final	
	Comentário	
	Local	Data

FICHA DE DEGUSTAÇÃO DE ESPUMANTES

Vinho			Tipo		Nível	
Classe	Estilo	Método	º GL	ml	US$	
Uvas				Loja		
Produtor		Região		País		

	Avaliação	0	1	2	3	4	5	6	7	8	9	10	NOTA
VISÃO	Corpo												
	Perlage												
	Espuma												
OLFATO	Qualidade												
	Complexidade												
	Intensidade												
	Persistência												
PALADAR	Qualidade												
	Intensidade												
	Equilíbrio												
FINAL	Aprovação												
	Persistência												
										NOTA FINAL			

COMENTÁRIOS		
	Visão	
	Olfato	
	Paladar	
	Final	
	Comentário	
	Local	Data

FICHA DE DEGUSTAÇÃO DE ESPUMANTES

Vinho			Tipo		Nível	
Classe	Estilo	Método		º GL	ml	US$
Uvas				Loja		
Produtor		Região			País	

	Avaliação	0	1	2	3	4	5	6	7	8	9	10	NOTA
VISÃO	Corpo												
	Perlage												
	Espuma												
OLFATO	Qualidade												
	Complexidade												
	Intensidade												
	Persistência												
PALADAR	Qualidade												
	Intensidade												
	Equilíbrio												
FINAL	Aprovação												
	Persistência												
										NOTA FINAL			

COMENTÁRIOS		
	Visão	
	Olfato	
	Paladar	
	Final	
	Comentário	
	Local	Data

6. Glossário

Como outras matérias, o mundo do vinho tem um vocabulário e uma linguagem que lhe são peculiares. Muitas palavras diferentes compõem esse discurso, que será absorvido ao longo das experiências de degustação. Como auxílio para o preenchimento das fichas e para a compreensão de rótulos de vinhos, textos de revistas e livros especializados, segue um glossário básico.

A

Acetificado – vinho avinagrado, com presença marcante de ácido acético.

Acidez – uma das quatro sensações de gosto, resultante do conteúdo de ácidos e gás carbônico do espumante, que oferece desde um refrescante agradável até uma aspereza desagradável.

Ácido – vinho com alto teor de ácidos fixos, caracteristicamente áspero e duro.

Acídulo – vinho com acidez saliente sem ser totalmente desagradável.

Adamado – espumante com sabor ligeiramente adocicado.

Alcoólico – espumante com excessiva graduação de álcool, gerando sensação de calor na boca e que domina as outras sensações, denotando desequilíbrio e causando certa pressão sobre o palato.

Ampelografia – ciência que identifica e descreve as variedades e cultivares de videiras.

Amplo – espumante complexo que oferece a agradável sensação de crescer sobre a língua e de encher a boca.

Ardência – sensação tátil de queimação na boca causada por espumante de alto teor alcoólico.

Aroma – sensação de odores sentida na inspiração (ortonasal) e na expiração (retronasal).

Arquetes – veja lágrimas.

Aspecto – conjunto de predicados ou propriedades visíveis num vinho espumante.

Assemblage – o mesmo que corte ou genérico, vinho elaborado a partir de uvas de várias castas. A clássica receita da Champagne apoia-se em *assemblage* de vinhos-base de diversas uvas. Mistura de vinhos-base conforme receita e decisão do enólogo.

Asti – método italiano de elaboração de um espumante, pertencente à comunidade de Asti, que é seguido para elaborar os espumantes adocicados de moscatel.

B

Baalthazar – garrafa de espumante grande, equivalente a 16 garrafas normais.

Barrica – tonel de carvalho de 325 litros, usado na fermentação ou no amadurecimento do vinho.

Baunilha – aroma adocicado, agradável, extraído pelo vinho das barricas de carvalho durante o envelhecimento.

Blanc de blancs – espumante branco elaborado exclusivamente de vinho-base de Chardonnay.

Blanc de noirs – espumante branco, pode ser levemente rosado, elaborado exclusivamente de vinho-base de Pinot Noir.

Blanquete – tipo de espumante antigo, elaborado especialmente na região francesa da cidade de Limoux.

Bouchonné – defeito do vinho, que se apresenta com cheiro e gosto de mofo, papelão ou pano molhado. Tecnicamente, vinho defeituoso pelo TCA – tricloroanisol – um desagradável cheiro de mofo.

Brut – classe de espumante com baixa concentração de açúcar, até 15 gramas por litro, apresentando sabor seco ou muito seco.

Brut sans année – *champagne* elaborado por *assemblage* de vinhos-base das três cepas oficiais da Champagne, de vindimas diferentes e recentes, com participação de pequenas quantidades de vinhos base-reservas (com mais tempo de guarda). O mesmo que *non-vintage*.

Brut savage – espumante especial, leve e seco, elaborado sem a adição de licor de expedição. O mesmo que *non dosage, brut zero* ou *ultra-brut*.

Buquê – complexo conjunto de aromas que o espumante apresenta e que decorre da característica aromática da uva do vinho-base mais o que absorve ao longo do descanso sobre as borras.

C

Cantina, adega – local das vinícolas onde se processa a produção dos vinhos.

Carvalho – parte dos vinhos-base pode ser trabalhada em barricas de carvalho, especialmente francês e/ou americano.

Cepa – o mesmo que variedade ou casta de uva.

Champagne – espumante elaborado pelo método tradicional na região francesa da Champagne.

Chato – vinho espumante carente de acidez.

Colheita – coleta das uvas maduras, também safra, vindima, *vintage* (inglês), *récolte* (francês), *cosecha* (espanhol), *vendimmia* (italiano), *Lese* (alemão).

Cor – característica visual dos espumantes, nos tintos variando do vermelho-escuro ao vermelho-pálido de cereja; nos rosados, do rosado ao clarete; e nos brancos, do verdeal ao amarelo-dourado.

Corpo – é o conjunto de extratos diluídos no vinho que transmite a sensação de sedosidade, textura, peso e volume, formado pelos ácidos não voláteis, sais minerais, açúcares, etc.

Corte – o mesmo que *assemblage* ou genérico, vinho elaborado a partir de uvas de várias castas.

Côte – encosta média de colinas, montanhas ou margens de rios, onde se localiza preferencialmente o vinhedo.

Crémant – espumante elaborado na França, fora da Champagne.

Cru – vinhedo.

Curto – vinho de pouca persistência gustativa na boca.

Cuspideira (***spittoon***) – balde para cuspir o gole de vinho após a degustação.

Cuvée – mistura de vinhos selecionados.

Cuvée de prestige – melhor espumante de um produtor, elaborado a partir de vinhos-base de uvas de vinhedos especiais, *grand crus*, envelhecido sobre as borras por muitos anos e comercializado em garrafas especiais.

Cuvée Millésime – o mesmo que *Vintage*, espumante elaborado de vinhos-base de um mesmo ano-safra, tido como excepcional, que aparece no rótulo.

D

Decrépito – vinho que passou do ponto de ser bebido.

Defeituoso – vinho com aroma ou sabor estranho.

Degustação – avaliação de um vinho através dos sentidos humanos, visão, olfato e paladar.

Degustação às cegas – degustação de vinhos sem a informação prévia ou o conhecimento de seu rótulo ou ficha técnica.

Degustação horizontal – degustação de vinhos de procedências diversas, mas do mesmo ano de colheita.

Degustação vertical – degustação de vinhos de mesma procedência e natureza, porém de safras diferentes.

Demi-sec – espumante com alta concentração de açúcar, com até 50 gramas por litro, oferecendo sabor bem doce.

Descritores – características específicas de um vinho que impressionam a visão, o olfato e o paladar do degustador.

Desequilibrado – vinho espumante cuja harmonia foi quebrada pelo excesso ou falta de uma de suas duas principais características: acidez e maciez.

Diluído – vinho sem estrutura, de pouco corpo, fluido.

Doux – espumante com a mais alta concentração de açúcar, bem acima de 50 gramas por litro, licoroso, atualmente, raramente produzido.

Duro – vinho espumante em que a acidez predomina acima do que corresponde à sua agradabilidade.

E

Encorpado – vinho bem estruturado, rico em extrato seco, com presença marcante de glicerol, ácidos orgânicos, compostos fenólicos e sais minerais.

Enófilo – apreciador de vinho, eventualmente um pesquisador da matéria.

Enólogo – profissional formado em Enologia, responsável pela elaboração do vinho.

Equilibrado – vinho espumante no qual a marcante acidez é contrabalançada com maciez dos vinhos-base ou dosada através do *liqueur d'expédition*.

Especiarias – complexo de aromas que pode incluir cravo, canela, pimenta-preta, pimenta-do-reino, e outros.

Extra-brut – espumante com baixíssimo açúcar residual, até 6 gramas por litro, sabor totalmente seco.

Extra-sec – espumante com média concentração de açúcar, entre 15 e 20 gramas por litro, sabor levemente adocicado.

F

Fechado – um vinho em que os aromas estão travados, não emergindo do bojo do cálice. Pode pedir um tempo para evoluir.

Fermentação alcoólica – ação de fermentos sobre o mosto da uva, resultando principalmente na transformação do açúcar em álcool, momento de geração do vinho-base.

Filoxera – trazido pelas videiras americanas, este inseto tornou-se a praga que assolou os vinhedos de todo o mundo, causando a maior destruição da história do vinho. Seu combate deu-se através da enxertia de videiras européias em cavalos americanos, tolerantes à praga.

Foxado – aroma diferente, podendo apresentar-se até desagradável no vinho, advindo de um grupo de variedades de uvas americanas. Este termo vem de *fox* (raposa), e descreve um cheiro que remete a pêlo de cachorro molhado.

Frutado – descritor da característica de vinhos espumantes que lembram frutas frescas (em vinhos jovens) ou frutas maduras (em vinhos envelhecidos), qualidade que tende a diminuir com o tempo.

Fugaz – sensação olfativa e gustativa ligeira, de pouquíssima persistência.

G

Grand cru – vinhedo com classificação acima do normal, pelas condições que tem para produção de uvas de qualidade e vinhos superiores.

H

Harmonização – combinação de vinhos e pratos.

Herbáceo – aroma de ervas frescas cortadas como grama, hortelã ou menta, constituindo uma qualidade do vinho; quando lembra aspargos ou ervas selvagens, caracteriza defeito.

I

Intenso – vinho rico em matérias corantes e de bom impacto olfativo e gustativo.

J

Janelas de igreja – veja lágrimas.

Jereboam – garrafa de espumante equivalente a quatro garrafas normais.

L

Lágrimas – figuras que se desenham nas paredes do cálice, formadas pelo escorrimento de gotas, relacionando-se com o conteúdo de álcool e a estrutura do vinho.

Lambrusco – variedade vinífera italiana e tipo de espumante típico do centro da Itália, elaborado a partir do mosto da mesma uva. Hoje produzido em muitos países.

Licor de expedição – xarope elaborado com o vinho-base que é adicionado ao espumante, antes do fechamento final, para completar o nível na garrafa e elevar a pressão interna.

Límpido – vinho isento de sólidos em suspensão no seu corpo.

M

Madeirizado – vinho amargoso, que sofreu oxidação forte, adquirindo aroma e sabor de madeira, e cor tendendo para marrom.

Magnum – garrafa de espumante equivalente a duas garrafas normais, muito utilizada em comemorações especiais no pódio da Fórmula I e nos lançamentos de navios novos (a madrinha a quebra no casco).

Manoel Peterlongo – pioneiro do espumante no Brasil, cujo trabalho foi consolidado pelo seu filho Armando Peterlongo.

Mário Geisse – chileno, radicado no Brasil, participou da consolidação da elaboração dos espumantes no Brasil, trabalhando em multinacional, assim como, produzindo grandes espumantes com sua marca e para terceiros.

Marone Cinzano – italiano, criador do método asti.

Matusalém ou ***Methuselah*** – garrafa de espumante equivalente a oito garrafas normais.

Melchior – garrafa de espumante equivalente a 24 garrafas normais.

Mousseux – denominação de espumantes produzidos na França, fora da região da Champagne.

N

Nariz – característica genérica da capacidade olfativa de um vinho.

Nebuchadnezzar – garrafa de espumante equivalente a 20 garrafas normais.

Non dosage – o mesmo que *ultra-brut* e *brut zero*, veja *brut savage*.

Non vintage – veja *brut sans année*.

O

Oxidado – vinho que sofreu oxidação forte, tornando-se defeituoso pela alteração de suas características visuais, olfativas e gustativas.

P

Pernas – veja lágrimas.

Pronto – vinho em condições de ser comercializado e consumido.

Prosecco – variedade vinífera italiana e tipo de espumante. Atualmente produzido em muitos países.

Punt – reentrância no fundo da garrafa que, além de reforçar a sua resistência, presta-se para receber eventuais sedimentos sólidos.

R

Rançoso – vinho com aroma e gosto desagradável, lembrando manteiga rançosa.

Rehoboam – garrafa de espumante equivalente a seis garrafas normais.

S

Salmanazar – garrafa de espumante equivalente a 12 garrafas normais.

Sec – espumante com açúcar residual até 35 gramas por litro, sabor bem adocicado.

Seco – vinho com pouca presença de açúcar (abaixo de 2 gramas por litro).

Sommelier – especialista na harmonização de vinhos com pratos.

Suave – vinho levemente adocicado, com teor de açúcares entre 5 e 20 gramas por litro, ou vinho no qual se percebe nitidamente o doce (de 20 a 30 gramas por litro).

Sulfídrico – vinho com aroma de ovo podre, causado pela presença de ácido sulfídrico.

T

Terroir – conjunto de condições específicas de um local, especialmente relacionadas com solo, relevo e clima.

Tostado – aroma de vinho que lembra pão torrado e amêndoas tostadas.

U

Untuosidade – característica do vinho com alta viscosidade, com riqueza de açúcar, no qual o tanino e a acidez não são sentidos prontamente; termo usado também para descrever vinho macio ou aveludado.

V

Varietal – vinho elaborado de uma única variedade de uva ou vinho em que esta variedade participa com preponderante porcentagem (85%, por exemplo) de sua composição.

Variedade – o mesmo que cepa ou casta: Cabernet Sauvignon, Merlot e outras.

Vegetal – vinho com características aromáticas e gustativas de vegetais, normalmente devido à sua juventude.

Velado – vinho alterado por uma tênue turvação.

Veuve Clicquot – Nicole Barbe Ponsardin casou-se com François Clicquot em 1798, ficando viúva em 1805, renomeando a casa produtora de espumantes para Veuve Clicquot-Ponsardin. Considerada a inventora da *remuage*.

Vindima – colheita.

Vintage – veja *cuvée millésime*.

Viticultura – cultivo da videira.

Vitis vinifera – espécie de videiras dentre as quais estão as castas clássicas e importantes para a produção de vinhos finos.

Vitivinicultura – cultivo da videira e elaboração do vinho.

Vivo – vinho espumante com agradável acidez saliente.